はじめに

　10年前までは「最も近くて遠い国」と言われていた韓国ですが、今ではお茶の間で韓流ドラマが人気を博し、また海外渡航先として上位に名を連ねるようになりました。韓国人留学生も増加し、東京で韓国語を聞く機会も増えています。

　学習者も10年前に比べて倍増し、第2外国語として定着しつつある状況で、韓国語を知らない人でも、文字を見れば少なくともそれが「韓国語」であると認識できる人が増えたように思います。長年、韓国語に携わってきた著者としてはうれしい限りです。一方、中級以上まで学習を進めるなかで、日常のふとした場面で「あれ？　これって韓国語で何て言うんだろう？」と思う方も少なくないのではないでしょうか？

　今回、このフレーズ集を執筆するにあたっては、友人同士で使う会話から、ビジネスで必須の言い回しに至るまで、日常的に自然に使うフレーズばかりを集めました。日常会話部分には覚えやすい短いフレーズを収録し、ビジネスなど失敗が許されない場面については、最も丁寧な表現を収録しました。

　中級程度まで学習を進めている方はすでにご存じとは思いますが、上下関係を重んじる韓国では、尊敬語が欠かせないばかりか、公式な場で使うフォーマルな語尾と、日常会話で使うインフォーマルな語尾、友人同士で使う、くだけた言い回しと、語尾のバリエーションが実に豊富です。韓国語の初級者の方はまず、はじめの「韓国語の基本ルール」を読んでみてください。本文の語尾だけを変化させて、シチュエーションや話し相手に合わせた語尾を使うことができるようになります（本書では、語尾だけが違うフレーズの全てを表記して紙面を割くよりも、より多様なフレーズを収録するため、日本語訳に最も近い韓国語訳1文のみを表記してあります）。

　本書を活用して、語彙を増やすもよし、旅行やビジネスシーンで活用するもよし、そしてなにより会話を楽しんでいただけましたら幸いです。

2009年10月　　　　著者

Contents

はじめに ……………………………………………………………………… 1
目次 ……………………………………………………………………………… 2
本書の使い方 ………………………………………………………………… 6
韓国語の基本ルール ………………………………………………………… 7

Chapter 1　社交編　　　　　　　　　　　　　　　　　　　19

1. あいさつ ……………………………………………………………… 20
- 初めて会ったとき　20　 ■ふだんのあいさつ　21
- 久しぶりに会ったとき　23　 ■近況について話す　24
- 紹介する　26　 ■別れるとき　29

2. 自分について話す …………………………………………………… 30
- 年齢について　30　 ■出身地について　32　 ■学校について　33
- 仕事について　35　 ■住まいについて　38　 ■家族について　39
- 子どもについて　41　 ■最近の出来事について　43
- 楽しかったことについて　45

3. 会う約束をする ……………………………………………………… 47
- スケジュール・都合を尋ねる　47　 ■スケジュール・都合を答える　49
- 誘う　52　 ■自宅に招待する　54　 ■誘いに答える　56
- 時間を決める　58　 ■場所を決める　60　 ■遅刻の連絡をする　63

Chapter 2　日常生活編　　　　　　　　　　　　　　　　　65

1. 毎日の出来事 ………………………………………………………… 66
- 起きる　66　 ■身支度する　69　 ■新聞・テレビ　72　 ■朝食を取る　74
- 出かける　76　 ■家事をする　77　 ■帰宅する・出迎える　81
- 夕食を取る　83　 ■お風呂に入る　85　 ■寝る　86

2. 時・天候 ……………………………………………………………… 88
- 日付・時間　88　 ■天気　92　 ■気候　94

3. 電話 …………………………………………………………………… 96
- 電話をかける　96　 ■電話に出る　100　 ■間違い電話　102
- 電話のトラブル　104　 ■留守番電話　106　 ■携帯メール　107

4. パソコン・メール　108
- 日常でのやりとり　108 　パソコン・メールのトラブル　110
- ＊コラム：ハングルのキーボード入力　112

5. 病気・怪我　113
- 症状を伝える　113 　病院を探す・救急車を呼ぶ　116
- 診察を受ける　117 　歯医者での会話　119 　薬局での会話　119

6. 警察への届け　121
- 盗難　121 　紛失　124

Chapter 3　外出編　125

1. 家を訪問する　126
- 訪ねる　126 　出迎える　127 　おもてなし　128 　お見送り　130

2. 外食を楽しむ　131
- 行く店を決める　131 　店に入る　133 　注文する　134
- 飲む　137 　食べる　139 　ファストフード店での会話　140
- 味覚について話す　141 　飲食店でのトラブル　144

3. ショッピング　145
- 商品・売り場を探す　145 　希望を伝える　147
- 感想を述べる　149 　購入する　151 　返品・交換・クレーム　152

4. 美術館・博物館　154
- 作品・画家について話す　154 　感想を述べる　156

5. 映画　158
- 映画について話す　158 　チケットを予約・購入する　159
- 感想を述べる　161

6. コンサート・観劇　162
- 音楽・演劇について話す　162 　感想を述べる　164

7. スポーツ観戦　165
- 好きなスポーツについて話す　165
- チケットを予約・購入する　167 　観戦中の会話　169

Contents

8. スポーツをする ... 170
- ゴルフ　170　■水泳　171　■テニス　171
- スノーボード　172　■登山　173

9. カラオケ ... 174

10. 美容院 ... 176

11. エステ ... 178

Chapter 4　冠婚葬祭編　179

1. 結婚式 ... 180
- 結婚の報告　180　■お祝いの言葉　183
- 結婚生活　184　■出産　185　■離婚　186

2. 還暦のお祝い ... 187

3. お葬式 ... 188

4. 季節の行事 ... 190
- 正月　190　■帰省・お盆　191　■クリスマス　192

Chapter 5　旅行編　193

1. 空港・飛行機 ... 194
- 空港での会話　194　■機内での会話　195
- 入国時の会話　197　■空港でのトラブル　198

2. ホテル ... 200
- ホテルの予約　200　■チェックイン　201　■サービスの利用　203
- チェックアト　206　■ホテルでのトラブル　207

3. 街の中で ... 208
- 道を尋ねる　208　■タクシー　209　■地下鉄　210　■バス　211
- 観光名所・ツアー　212　■写真を撮る　214　■両替する　215
- 値切り交渉をする　215

　＊コラム：韓国での交通手段 ... 216

Chapter 6 感情表現編　　　　　　　　　　　　　　　　　　　217

1. 基本のフレーズ　　　　　　　　　　　　　　　　　　　218
- あいづち　218　　話を変える・戻す　221　　感嘆詞　221

2. ものごとの好き嫌い　　　　　　　　　　　　　　　　　223
- 好む　223　　嫌う　224　　趣味について　225
- 食べ物について　227　　服装について　229
- 人の性格について　231　　人の外見について　234

3. 恋愛　　　　　　　　　　　　　　　　　　　　　　　236
- 好意を表現する　236　　好意を伝える　237　　告白への返答　239

4. ポジティブな感情を伝える　　　　　　　　　　　　　　241
- 嬉しさ・楽しさ　241　　感動　242　　満足　243
- リラックス・安心　243　　自信　245　　懐かしさ　246

5. ネガティブな感情を伝える　　　　　　　　　　　　　　247
- 困惑　247　　不安・心配　248　　緊張　249　　恥ずかしさ　250
- 恐怖　251　　非難・怒り　252　　悔しさ・落胆　254　　退屈　255
- 無関心　256　　疲れ　256　　憂鬱　258　　寂しさ・悲しさ　259

6. 気持ちを伝える　　　　　　　　　　　　　　　　　　　261
- 感謝する　261　　謝る・反省する　262　　許す　264
- 許可を求める・依頼する　265　　承諾する　266
- 同意・賛成する　267　　反対する　268　　理由を尋ねる　269
- 注意を促す　270　　意見を求める　270　　提案する　271
- 相談する・相談を受ける　272　　保留にする　273
- 制止する・断る　275　　心配・同情する　276
- なぐさめる・励ます　277　　褒める　279　　祝う・幸運を祈る　280

韓国語の活用　　　　　　　　　　　　　　　　　　　　　281
- 活用一覧　282　　第Ⅰ活用　283　　第Ⅱ活用　284　　第Ⅲ活用　285

INDEX　　　　　　　　　　　　　　　　　　　　　　　　286

本書の使い方

本書には、挨拶から日常生活、旅行会話、感情表現や冠婚葬祭まで、日常的に用いられる韓国語フレーズを2200あまり*収録しています。韓国語の初心者の方は、まず「韓国語の基本ルール」(P.7)を読んでみてください。韓国語のフレーズの作り方や、人称代名詞などの重要単語を知ることができます。

*チェック欄の付いた「見出しフレーズ」およびコメント欄・巻頭・巻末ページにあるフレーズの合計。

■ 各フレーズの表記

第1~6章のフレーズは、以下のように表記されています。

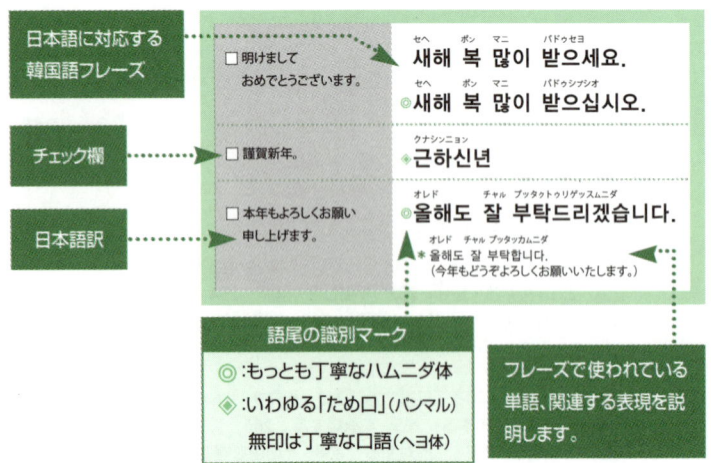

*本書では、丁寧な口語である「ヘヨ体」をベースにしています。必要と思われる場合には、「ハムニダ体」「パンマル(ため口)」のフレーズを紹介しています。日本語訳はそれぞれの語尾に合うようにつくられています。

■ CDについて

CDにはチェック欄の付いた「見出しフレーズ」をすべて収録しています。CDトラックは各章の小見出しごとに区切られています。自分の使いたいフレーズを見つけたら、ぜひCDで音声を聞いてみてください。韓国語らしい発音で、自分の気持ちを伝えられるようになるでしょう。

韓国語の
基本ルール

フレーズの各章に入る前に、まず韓国語の基本ルールを知っておきましょう。
はじめに人称代名詞をしっかりとマスターしたあと、韓国語の大きな特徴である尊敬・親しみを表す基本語尾を覚えましょう。助詞や疑問詞・数詞を知っておけば、次章以降のフレーズをスムーズに理解できるはずです。
文章の基本ルールを理解すると、少しずつ自分でもフレーズを作れるようになります。

1 人称代名詞

自己紹介のときなどに使う「私」など、日本語と同様、話す相手によって形が変化するものがあります。

		単数		複数
1人称	私	저 (チョ)	私ども	저희／저희들 (チョイ／チョイドゥル)
	あたし・僕・俺	나 (ナ)	私たち	우리／우리들 (ウリ／ウリドゥル)
2人称	あなた	당신 (タンシン)	あなたたち	당신들 (タンシンドゥル)
	お前	너 (ノ)	君たち・お前たち	너희／너희들 (ノイ／ノイドゥル)
3人称	彼	그/그이 (ク／クイ)	彼ら	그들／그이들 (クドゥル／クイドゥル)
	彼女	그녀 (クニョ)	彼女ら	그녀들 (クニョドゥル)
	その人	그 사람 (ク サラム)	その人たち	그 사람들 (ク サラムドゥル)

*1 저 (私) は、助詞の가が付くときは저の形が変化します。 **Ex** 제가 (私が) (チェガ)

*2 나 (あたし・僕・俺) 韓国語には男ことば女ことばの区別はありません。

*3 助詞の가が付くときは나の形が変化します。 **Ex** 내가 (僕が) (ネガ)

*4 당신 (あなた) は、中年夫婦の呼称として使われることがほとんどです。

*5 그 (彼) 그녀 (彼女) は、文語的に使われることが多く、日常会話では
그 사람 (その人) や 그 남자 (その男) 그 여자 (その女) などが使われます。

*6 선생님 (先生) は、教職員以外の目上の人物に対する第2人称としても第3人称としても使えます。

2 基本語尾

韓国では、日本以上に上下関係を大切にすることから、TPOに合わせた語尾の使い分けが大変重要です。以下の基本ルールを理解すると、話す場に合わせて語尾を使い分けることも可能になります。活用時は、用言の語尾＊にある다（ダ）を取って、それぞれに適した語尾を続けます。

＊韓国語の基本形（辞書形）の語尾はすべて 다 です。

■ 합니다体 (ハムニダ)（丁寧語）：ビジネスやニュース、演説など公式の場にて使われる、最もフォーマルな語尾。

文の種類 語幹末のパッチム	平叙文	疑問文
ない場合	ㅂ니다 (ムニダ)	ㅂ니까? (ムニッカ)
ある場合	습니다 (スムニダ)	습니까? (スムニッカ)

Ex 基本形 먹다「食べる」

平叙文 먹습니다. (モクスムニダ)
(食べます)

疑問文 먹습니까? (モクスムニッカ)
(食べますか？)

＊語幹末：語尾の다の直前にある文字のこと。
パッチム：文字の最後にくる子音（終声）のこと。（ **Ex** 먹のㄱ、삶のㄻの部分）

■ 해요体 (ヘヨ)：日常の会話で使われ、ドラマなどの一般会話で耳にするほとんどがこの語尾。日本語訳は、합니다体の語尾と同じです。

文の種類 語幹末の母音	平叙文	疑問文
陽母音 （ㅏ ㅑ ㅗ） の場合	ㅏ요 (アヨ)	ㅏ요? (アヨ)
それ以外の 場合	ㅓ요 (オヨ)	ㅓ요? (オヨ)

Ex 基本形 먹다「食べる」

平叙文 먹어요. (モゴヨ)
(食べます)

疑問文 먹어요? (モゴヨ)
(食べますか？)

＊但し 하다は特殊語幹のため、해요と変化します。

■ 반말 (パンマル)（ため口）：同等の者、もしくは目下の者に対してのみ使われる語尾。

活用時は、해요体(ヘヨ)の最後の요(ヨ)を取るだけです。

Ex 基本形 먹다「食べる」

平叙文 먹어. (モゴ)　　疑問文 먹어? (モゴ)
(食べる)　　　　　　　(食べる？)

3 助詞

韓国語の体言(名詞)にあるパッチムを区別するため、ほとんどの助詞は、母音で始まるものと、子音で始まるものの2種類に分かれています。

直前体言の末尾 助詞	パッチムがない場合 Ex 친구(チング)/학교(ハッキョ) (友人)(学校)		パッチムがある場合 Ex 부모님(プモニム)/운동장(ウンドンジャン) (両親)(運動場)	
は	는(ヌン)	Ex 친구는(チングヌン) (友人は)	은(ウン)	Ex 부모님은(プモニムン) (両親は)
			께서는(ッケソヌン) *는/은の尊敬形	Ex 부모님께서는(プモニムッケソヌン) (両親は)
が	가(ガ)	Ex 친구가(チングガ) (友人が)	이(イ)	Ex 부모님이(プモニミ) (両親が)
			께서(ッケソ) *이/가の尊敬形	Ex 부모님께서(プモニムッケソ) (両親が)
を	를(ルル)	Ex 친구를(チングルル) (友人を)	을(ウル)	Ex 부모님을(プモニムル) (両親を)
に (人物)	에게(エゲ) 한테(ハンテ)	Ex 친구에게(チングエゲ)/친구한테(チングハンテ) *한테(ハンテ)は、同等もしくは目下の者にだけに使います。		
	께(ッケ)	Ex 부모님께(プモニムッケ)(両親に) *에게(エゲ)の尊敬形		
に (事物)	에(エ)	Ex 학교에(ハッキョエ)(学校に)/운동장에(ウンドンジャンエ)(運動場に)		
の	의(エ)	Ex 부모님의 책(プモニメ チェク)(両親の本) *저의 책(チョエ チェク) → 제책(チェチェク)(私の本) 略体形を使います。		

と	와 *文語的* (ワ)	Ex 친구와 부모님 (チングワ プモニム) (友人と両親)	과 *文語的* (クヮ)	Ex 부모님과 친구 (プモニムクヮ チング) (両親と友人)
	랑 *口語的* (ラン)	Ex 친구랑 부모님 (チングラン プモニム) (友人と両親)	이랑 *口語的* (イラン)	Ex 부모님이랑 친구 (プモニミラン チング) (両親と友人)
	하고 (ハゴ)	体言を選ばず使える口語的表現。		
も	도 (ド)	Ex 친구도 (チングド) (友人も)	께서도 *도の尊敬形* (ッケソド)	Ex 부모님께서도 (プモニムッケソド) (両親も)
から (人物)	에게서 (エゲソ) 한테서 (ハンテソ)	Ex 친구에게서／친구한테서 (友人から) (チングエゲソ／チングハンテソ) *한테서は、同等・目下の者にだけ使います。 (ハンテソ)		
から (時間)	부터 (ブト)	Ex 한시부터 (1時から) (ハンシブト)		
で から (場所)	에서 (エソ)	Ex 학교에서 (学校で・学校から) (ハッキョエソ) Ex 운동장에서 (運動場で・運動場から) (ウンドンジャンエソ)		
へ (方向) で (手段)	로 (ロ)	Ex 학교로 (ハッキョロ) (学校へ) Ex 차로 (チャロ) (車で)	으로 * (ウロ)	Ex 운동장으로 (ウンドンジャンウロ) (運動場へ) Ex 손으로 (ソヌロ) (手で)
まで	까지 (ッカジ)	Ex 두시까지 (2時まで) (トゥシッカジ)		
でも	라도 (ラド)	Ex 친구라도 (チングラド) (友人でも)	이라도 (イラド)	Ex 부모님이라도 (プモニミラド) (両親でも)

*語幹末にㄹを持つ体言の後に続く場合には、パッチムがある場合と同様、로のみを続けます。

Ex 지하철로 (地下鉄で) 연필로 (鉛筆で) 칼로 (ナイフで) 서울로 (ソウルへ)
 (チハチョルロ)   (ヨンピルロ)   (カルロ)   (ソウルロ)

4 疑問詞

生活の中でよく使われる疑問詞を覚えましょう。語尾は、生活の中で最も自然に使われるインフォーマルな語尾 해요(ヘヨ)体を使うことにします。

■ 何

ムォ 뭐	ムォエヨ 뭐예요？ (何ですか？)

■ 何の

ムスン 무슨	ムスン ニョイリエヨ 무슨 요일이에요？ (何曜日ですか？)
	ムスン ニルル ハセヨ 무슨 일을 하세요？ (何の仕事をされていますか？)

■ どの

オヌ 어느	オヌ ゴエヨ 어느 거예요？ (どれですか？)
	オヌ ナラ サラミエヨ 어느 나라 사람이에요？ (どこの国の人ですか？)

■ どんな

オットン 어떤	オットン サラミエヨ 어떤 사람이에요？ (どんな人ですか？)
	オットン ニリエヨ 어떤 일이에요？ (どんな用件ですか？)

＊基本的に、것は「物」、일は「事」を表します。

■ どのように

オットッケ 어떻게	オットッケ ガヨ 어떻게 가요？ (どのように行きますか？) ＊行き方を尋ねる表現。
	オットッケ オショッソヨ 어떻게 오셨어요？ (どのようなご用件ですか？)
	オットッケ ヘヨ 어떻게 해요？ (どうしますか？)

■ いつ

| オンジェ
언제 | オンジェエヨ
언제예요？（いつですか?） |

■ どこ

| オディ
어디 | オディガヨ
어디가요？（どこ(に)行きますか?） |

■ なぜ

| ウェ
왜 | ウェ ガヨ
왜 가요？（なぜ行くのですか?） |

■ いくら

| オルマ
얼마 | オルマエヨ
얼마예요？（いくらですか?） |

■ 数を尋ねる

| ミョッ
몇 | ミョッ サラミエヨ
몇 사람이에요？（何人ですか?）

ミョドル　　ミョッチリエヨ
몇 월 며칠이에요？（何月何日ですか?）
＊発音どおりに、**며칠**と綴るのが一般的です。

ヘンドゥポン　ボノヌン　　ミョッポニエヨ
핸드폰 번호는 **몇** 번이에요？（携帯番号は何番ですか?） |

5 文を作る

否定文の作り方、および過去・未来を表す言い方を知っておきましょう。
尊敬・親しみを表す基本の語尾と同様、主に語尾を入れ替えることで作ることができます。

■ 否定する

指定詞	이/가 아니다 (イ/ガ アニダ)	Ex 저는 회사원이 아닙니다. (チョヌン フェサウォニ アニムニダ) (私は会社員ではありません)
存在詞	없다 (オプダ)	Ex 가방이 없습니다. (カバニ オプスムニダ) (カバンがありません)
形容詞 動詞	用言の前に 안 (アン) をつけます。	Ex 값이 안 비쌉니다. (カプシ アン ピッサムニダ) (値段が高くありません)

■ 過去のことを語る

平叙文	■ 動詞・形容詞・存在詞：用言の語幹末にある母音が、 　陽母音 (ㅏ/ㅑ/ㅗ) の場合 → 았습니다／았어요 (アッスムニダ／アッソヨ) 　それ以外である場合　　 → 었습니다／었어요 (オッスムニダ／オッソヨ) Ex 어제는 일이 바빴습니다. (オジェヌン イリ パッパッスムニダ) 　(昨日は仕事が忙しかったです) ※形容詞 ■ 指定詞：名詞のすぐ後に、였습니다／였어요 (ヨッスムニダ／ヨッソヨ) を続けます。 Ex 아버지는 교사였습니다. (アボジヌン キョサヨッスムニダ) (父は教師でした) ※指定詞
疑問文	■ 動詞・形容詞・存在詞：用言の語幹末にある母音が、 　陽母音 (ㅏ/ㅑ/ㅗ) の場合 → 았습니까？／았어요？ (アッスムニッカ／アッソヨ) 　それ以外である場合　　 → 었습니까？／었어요？ (オッスムニッカ／オッソヨ) Ex 어제는 일이 바빴습니까? (オジェヌン イリ パッパッスムニッカ) 　(昨日は仕事が忙しかったですか?) ※形容詞

疑問文	■ **指定詞**：名詞のすぐ後に、였습니까?／였어요? を続けます。 ヨッスムニッカ　ヨッソヨ ■ Ex 아버지는 교사였습니까?（父は教師でしたか？）※指定詞 アボジヌン キョサヨッスムニッカ

■ 未来のことを語る

平叙文	■ **意思**（〜するつもりです）：用言の語幹末に、パッチムが 　ない場合 → ㄹ 거예요 　　　　　　　　ル　コエヨ 　ある場合 → 을 거예요 を付けます。 　　　　　　　　ウル　コエヨ 　＊形容詞と存在詞につける場合は「〜そう」という推量の意味になります。 ■ **決まっている予定**（〜する予定です）：用言の語幹末に、パッチムが 　ない場合 → ㄹ 예정이에요 　　　　　　　　ル　イェジョンイエヨ 　ある場合 → 을 예정이에요 を付けます。 　　　　　　　　ウル　イェジョンイエヨ 　＊動詞に接続します。 ■ **予測**（〜だろう・〜でしょう）：用言の語幹末に、パッチムが 　ない場合 → ㄹ 것 같아요 　　　　　　　　ル　コッ　カッタヨ 　ある場合 → 을 것 같아요 を付けます。 　　　　　　　　ウル　コッ　カッタヨ 　＊動詞に接続します。 ■ **確定した近未来**（〜することになっています）： 　用言の語尾の다を取り、겠 を付けます。 　　　　　　　ダ　　　　　　ゲッ 　＊形容詞と存在詞の場合は「〜そう」という推量の意味になります。
疑問文	用言の語幹末に、パッチムが 　ない場合 → ㄹ 거예요？ 　　　　　　　　ル　コエヨ 　ある場合 → 을 거예요？ を付けます 　　　　　　　　ウル　コエヨ

＊1　指定詞　이다（〜だ）/ 아니다（〜じゃない）
　　　　　　　イダ　　　　　　　アニダ

＊2　存在詞　있다（いる・ある）/ 없다（いない・ない）
　　　　　　　イッタ　　　　　　　　オプタ

＊3　過去形・未来形の文を否定するときには、それぞれ語尾に 안 を追加します。
　　　　　　　　　　　　　　　　　　　　　　　　　　　　　アン

6 数を表す

韓国語の数字には、「漢数字」と「固有数字」があります。

■ 漢数字

主に、日時や時間、お金や電話番号などについて用います。

1	イル 일	2	イ 이	3	サム 삼	4	サ 사	5	オ 오
6	ユク 육	7	チル 칠	8	パル 팔	9	ク 구	10	シプ 십
50	オシプ 오십	100	ペク 백	1000	チョン 천	1万	マン 만	10万	シムマン 십만

0は、零／영　空／공　ゼロ／제로
　　　　　ヨン　　　コン　　　　ジェロ

10以上の数字は、日本語と同じように組み合わせて使います。

Ex
11／십일　　12／십이　　20／이십　　21／이십일
　シビル　　　シビ　　　　イシプ　　　イシビル

● 漢数字を用いるもの

お金／원　　　年／년　　　月／월
　　　ウォン　　　ニョン　　　　ウォル

日／일　　　分／분　　　秒／초
　イル　　　　プン　　　　チョ

＊但し時間は、時（시）のみ固有数字で表しますので、注意が必要です。
　　　　　　　　シ

Ex
1,500ウォン／천오백원　　3,000ウォン／삼천원
　　　　　　チョノベグォン　　　　　　サムチョノン

15,000ウォン／만오천원　　30,000ウォン／삼만원
　　　　　　　マノチョノン　　　　　　　サムマノン

＊通常、お金や時間などの数字には、ハングルではなく数字を用います。

■ 固有数字

主に物の数を数えるときに用います。
ただし、100以上の数字には漢数字を用います。

1	ハナ 하나	2	トゥル 둘	3	セッ 셋	4	ネッ 넷	5	タソッ 다섯	6	ヨソッ 여섯
7	イルゴプ 일곱	8	ヨドルプ 여덟	9	アホプ 아홉	10	ヨル 열	20	スムル 스물	30	ソルン 서른
40	マフン 마흔	50	スィン 쉰	60	イエスン 예순	70	イルン 일흔	80	ヨドゥン 여든	90	アフン 아흔

● 固有数字を用いるもの

人／サラム
사람 　　名／ミョン
명 　　匹／マリ
마리

個／ケ
개 　　枚／チャン
장 　　本／ビョン
병

冊／クォン
권 　　杯／チャン
잔 　　皿／チョプシ
접시

台／デ
대 　　才／サル
살 　　時／シ
시

時間／シガン
시간 　　回／ポン
번 　　回目／ポンチェ
번째

固有数詞は1.2.3.4と20のみ、助数詞がつくと形が変わります。

1つ	ハナ 하나	→	1個	ハンゲ **한 개**
2つ	トゥル 둘	→	2個	トゥゲ **두 개**
3つ	セッ 셋	→	3個	セゲ **세 개**
4つ	ネッ 넷	→	4個	ネゲ **네 개**
20	スムル 스물	→	20個	スムゲ **스무 개**

7 接続詞

会話を続けるために使う接続詞も覚えておきましょう。

それで	그래서 *クレソ*
それに そして それから*	그리고 *クリゴ*
ですから	그러니까 *クロニッカ*
それなら	그러면 *クロミョン*
けれども	그렇지만／하지만 *クロッチマン／ハジマン*
ところで	그런데 *クロンデ*
それはそうと	그건 그렇고 *クゴン クロッコ*

＊ネイティブは会話の中で 그리구 *クリグ* を頻繁に使いますが、正しい表現は 그리고 *クリゴ* です。

Chapter

1

社 交 編

まずは挨拶から覚えてみましょう。相手の言葉で挨拶をするだけで、ぐっと距離が縮まります。出身地や家族、仕事などについての自己紹介、待ち合わせの時に使うものなど、出会いのシーンで活用できるフレーズを集めました。

인사

1 あいさつ

初めて会ったとき　　　　　　　　　　　　　　Disc1　2

□ 初めまして。
　　처음 뵙겠습니다.
　　(チョウム ペプケッスムニダ)

□ キム・チヨンさんですよね?
　　김지영 씨 되시죠?
　　(キムチヨン ッシ テシジョ)

□ 現代電子の方ですよね?
　　현대전자 분이시죠?
　　(ヒョンデジョンジャ プニシジョ)

* 会話の中では助詞의(の)が省略されることが多いので注意しましょう。
* 사람(人)と 분(方)を、目上の人かどうかによって使い分けます。ビジネスのときには 분(方)を使うようにしましょう。

□ 私は大川と申します。
　　◎ 저는 오오카와라고 합니다.
　　(チョヌン オオカワラゴ ハムニダ)

□ お目にかかれて嬉しいです。
　　◎ 만나서 반갑습니다.
　　(マンナソ パンガプスムニダ)

□ お目にかかりたいと思っておりました。
　　◎ 만나 뵙고 싶었습니다.
　　(マンナ ペプコ シッポッスムニダ)

* 고 싶었습니다 (〜たかったです)
　　(コ シッポッスムニダ)
　고 싶습니다／고 싶어요 (〜したいです)
　　(コ シプスムニダ／コ シッポヨ)

☐ どちら様ですか?	◎ _{ヌグ} 누구 _{シンガヨ} 신가요?

＊ 電話で相手に尋ねるときにも使えます。_{ヌグセヨ}누구세요? も可。
ビジネスのときはより丁寧な_{オディセヨ}어디세요?を使いましょう。

☐ 一度、お目にかかったことがあります。	◎ _{チョネ}전에 _{ハンボン}한번, _{マンナ}만나 _{ベン}뵌 _{チョギ}적이 _{イッスムニダ}있습니다.

＊ ㄴ _{チョギイッタ}적이 있다(〜たことがある)
ㄴ _{チョギオプタ}적이 없다(〜たことがない)

ふだんのあいさつ　Disc1　3

☐ こんにちは。	_{アンニョンハセヨ}안녕하세요.

＊ 直訳すると「安寧(お元気)ですか?」。
「おはようございます」「こんばんは」にも使えます。
＊ _{アンニョン}안녕.(やあ)

☐ 元気?	◇ _{チャル チネ}잘 지내?

＊ _{チャル チネッソ?}잘 지냈어?／_{チャル イッソッソ?}잘 있었어?(元気だった?)

☐ いいですよ。	_{チョアヨ}좋아요. ／ _{ケンチャナヨ}괜찮아요.

＊ _{チョア}좋아 ／ _{ケンチャナ}괜찮아(いいよ)
_{ケンチャナ}괜찮다には、「大丈夫」という意味もあります。

☐ まあまあですね。	クロッチョロ イエヨ 그럭저럭 이에요.	
☐ 別に。	ピョルロ ◆별로.	
☐ それほど。	クダジ ◆그다지.	
☐ 相変わらずだね。	ピョナムオムネヨ 변함없네요.	
☐ 忙しいよ。	パッパヨ 바빠요.	
☐ 暇だよ。	ハンガヘヨ 한가해요.	
☐ 今日は天気がいいですね。	オヌル ナルッシ チョンネヨ 오늘 날씨 좋네요.	
☐ 食事はお済みですか？	シクサヌン ハショッスムニッカ 식사는 하셨습니까?	

＊知人が訪ねてきたときに、このフレーズで相手を気遣います。

久しぶりに会ったとき

Disc1　4

- [ ] お久しぶりです。

　　　オレガンマニムニダ
　　　오래간만입니다.

　　　オレガンマニエヨ
　　　＊ 오래간만이에요. (お久しぶりです)

　　　オレンマニヤ
　　　＊ 오랜만이야! (久しぶり!)

- [ ] お元気でしたか?

　　　チャル　チネショッソヨ
　　　잘 지내셨어요?

- [ ] また会えて嬉しいです。

　　　タシ　　　マンナソ　　　パンガプスムニダ
　　◎ **다시 만나서 반갑습니다.**

- [ ] こんなところで
　　　何しているの?

　　　ヨギソ　　　ムスン　　ボルリル　　イッソ
　　◆ **여기서 무슨 볼일 있어?**

　　　イロン　デソ　　マンナダニ　　パンガプタ
　　　＊ 이런 데서 만나다니, 반갑다.
　　　　(こんなところで会うなんて奇遇だね)

- [ ] 5年ぶりですね。

　　　オニョン　　マニネヨ
　　　5년 만이네요.

　　　テハク　チョロッパゴ　チョウミネ
　　　＊ 대학 졸업하고 처음이네. (大学卒業以来だね)

- [ ] 覚えていてくれた?

　　　キオッカゴ　　イッソッソ
　　◆ **기억하고 있었어?**

- [ ] 昔とちっとも変わりませんね。

　　　イエンナルハゴ　　ピョナン　ゲ　　オムネヨ
　　　옛날하고 변한 게 없네요.

　　　マニ　ピョネンネ
　　　＊ 많이 변했네. (ずいぶん変わったね)

　　　マニ　イエッポジョンネ
　　　＊ 많이 예뻐졌네. (ずいぶんきれいになったね)

　　　ウリ　タ　ナイルル　モゴックナ
　　　＊ 우리 다 나이를 먹었구나. (お互い歳をとったね)

　　　クンニョ　　　　　　　　　　　　　クナ
　　　군요(～ですね／～ますね) 구나(ため口)は
　　　感嘆語尾。

社交編

日常生活編

外出編

冠婚葬祭編

旅行編

感情表現編

近況について話す

Disc 1　5

- [ ] どのようにお過ごしでしたか？　◎ 어떻게 지내셨습니까?
  - * 뭐하고 지냈어? (何してたの?)
    友人同士で使う言葉。
  - * 그동안 어떻게 지내셨어요?
    (その間どのようにお過ごしでしたか?)
  - * 지내다(過ごす)、보내다(送る)は時間の経過を表す。
    어떻다(どうだ)

- [ ] その間どうだった？　◈ 그동안 어땠어?

- [ ] 最近どうなの？　◈ 요즘엔 어때?

- [ ] 特別なことないでしょう？　◈ 별일 없지?

- [ ] 相変わらず忙しくしています。　◈ 변함없이 바쁘게 지내고 있습니다.
  - * 변함없이 바빠요.　여전히 바빠요.
    (引き続き忙しい)　(いつも忙しいよ)
    변함없이(変りなく)　여전히(相変わらず)

- [ ] 昇進したよ！　◈ 승진했어!

24

実は転職しました。	◎ 실은 이직했습니다.

* 이직(離職)
* 회사를 옮겼어요.(会社を移りました)

実は会社を辞めました。	◎ 실은 회사를 그만두었습니다.

* 실은(実は) 사실은(事実は) 共に使い方は同じ。
  관두다 は、그만두다(辞める・止める)の縮約形。

実は韓国に転勤することになりました。	사실은 한국으로 전근가게 됐어요.

* 한국에서 근무하게 됐어.(韓国で働くことになったよ)
  근무하게 되다(勤務することになる)
  전근하다(転勤する) 전근가다(転勤に行く)

特に変わりありません。	◎ 특별히 변한 것은 없습니다.

彼女ができました。	여자친구가 생겼어요.

* 여친은、여자친구の縮約形。
* 애인 생겼어.(恋人ができました)
  애인(恋人)「愛人」を基にした漢字語。
* 한국사람인 남자친구가 생겼어.
  (韓国人の彼氏ができたの)

紹介する　　　　　　　　　　　　　　　　　　　　　Disc1　6

- □ 紹介していただけますか？　　소개 부탁드릴게요.

　　　　　　　　　　　　　　　소개해 주시겠어요?

　　　　　　　　　　　　　　　* 소개하다 (紹介する)
　　　　　　　　　　　　　　　* 소개팅 (恋人を紹介してもらうこと) 若者言葉です。

- □ 初対面ですか？　　　　　　　초면이신가요?

　　　　　　　　　　　　　　　* 초면이세요? (初対面ですか？)

- □ こちらはキム・テウンさんです。　이쪽은 김태은 씨입니다.

- □ テウンさんは近代自動車に勤めています。　태은 씨는 근대자동차에서 근무하고 있어요.

- □ 私の上司です。　　　　　　　제 상사 되십니다.

- □ チェ課長には大変お世話になっております。　최 과장님께는 매번 신세를 지고 있습니다.

- □ 部下のパク・ジェヨンです。　부하직원인 박재용입니다.

　　　　　　　　　　　　　　　* 直訳すると、부하직원 (部下職員)

□ パク・ジェヨンさんを紹介できて良かったです。	박재용 씨를 소개할 수 있어서 잘 됐네요. ＊잘 됐네요.(よかったです)は、日本語とほぼ同じ使い方ができます。
□ 妻のイ・チヨンです。	집사람인 이지영이에요. ＊남편(旦那) 주인(主人)
□ 5歳になる息子です。	5살인 아들이에요.
□ 今年、生まれた娘です。	올해 태어난 딸이에요. ＊작년에(去年)

■家族や人の呼び方

両親	부모님	子供	아이
家族	가족	友達	친구
夫	남편	妻	아내
お父さん	아버지	お母さん	어머니
義理の父	시아버지	義理の母	시어머니

(弟から見た) 兄	ヒョン **형**		(弟から見た) 姉	ヌナ **누나**
(妹から見た) 兄	オッパ **오빠**		(妹から見た) 姉	オンニ **언니**
弟	ナムドンセン **남동생**		妹	ヨドンセン **여동생**
おじいさん	ハラボジ **할아버지**		おばあさん	ハルモニ **할머니**
ボーイフレンド	ナムジャチング **남자친구**		ガールフレンド	ヨジャチング **여자친구**
同僚	トンニョ **동료**		同い年	トンガプ **동갑**
先輩	ソンベ **선배**		後輩	フベ **후배**
上司	サンサ **상사**		部下	プハ **부하**
社長	サジャンニム **사장님**		部長	プジャンニム **부장님**
課長	クヮジャンニム **과장님**		係長	ケジャンニム **계장님**
(血縁のない) おじさん	アジョッシ **아저씨**		(血縁のない) おばさん	アジュモニ **아주머니**

別れるとき　　Disc1　7

☐ さようなら。(見送る側)	안녕히 가세요. アンニョンヒ カセヨ
☐ さようなら。(見送られる側)	안녕히 계세요. アンニョンヒ ケセヨ
☐ バイバイ。	◎ 안녕. アンニョン
☐ じゃあね。	◎ 잘 가. チャル ガ
☐ また会おう。	◎ 또 봐. ット ボァ
☐ 行ってらっしゃい。	다녀오세요. タニョオセヨ
☐ お先に失礼します。	◎ 먼저 가 보겠습니다. モンジョ カ ボゲッスムニダ ＊会社の同僚などに日常的に使う表現。 ◎ 먼저 실례하겠습니다. モンジョ シルレハゲッスムニダ ＊少しかしこまった席で使う表現。
☐ じゃ、またお目にかかりましょう。	◎ 그럼, 나중에 또 만납시다. クロム ナジュンエ ット マンナプシダ ＊나중에(後で) ナジュンエ

社交編

日常生活編

外出編

冠婚葬祭編

旅行編

感情表現編

29

2 自分について話す

지기소개

年齢について　　　　　　　　　　　　　　　Disc 1　8

□ 失礼ですが、おいくつですか？
<ruby>실례지만<rt>シルレジマン</rt></ruby> <ruby>연세가<rt>ヨンセガ</rt></ruby> <ruby>어떻게<rt>オットッケ</rt></ruby> <ruby>되세요<rt>テセヨ</rt></ruby>?

실례지만 연세가 어떻게 되세요?

* 目上の人には必ず敬語を使う必要性から、初対面でも年齢を尋ねられることがあります。
* 目上の人には연세、目下の人には나이。

□ 今、何歳ですか？
지금 몇 살이에요?

□ 20歳です。
스무 살이에요.

□ 何年生まれですか？
몇 년생이세요?

* 韓国では、年齢よりも生まれ年を尋ねるのが一般です。

□ 75年生まれです。
75년생이에요.

* 通常生まれ年は、西暦の下2桁で答えます。

□ 同い年です。
동갑이에요.

□ 私より2つ年上ですね。	チョボタ トゥ サル ウィネヨ 저보다 두 살 위네요. ナボダ トゥ サル マンネ * 나보다 두 살 많네. (私より2歳上だね) ウィ　　　マンネ 위(上)　많네(多いね)	
□ 同級生です。	トングプセンイエヨ 동급생이에요. ソンベエヨ * 선배예요. (先輩です)	
□ 何どしですか?	ムスン　ッティセヨ 무슨 띠세요?	
□ ねずみ年です。	チュイッティエヨ 쥐띠예요.	

■ 十二支 / 띠 (ッティ)

子	チュイ 쥐	午	マル 말
丑	ソ 소	未	ヤン 양
寅	ホランイ 호랑이	申	ウォンスンイ 원숭이
卯	トッキ 토끼	酉	タク 닭
辰	ヨン 용	戌	ケ 개
巳	ペム 뱀	亥	テジ 돼지*

＊直訳すると「豚」。韓国では「猪」と「豚」を区別しません。

社交編

日常生活編

外出編

冠婚葬祭編

旅行編

感情表現編

出身地について　　　　　　　　　　　　　　　　　　Disc1　9

□ ご出身はどちらですか？

출신은 어디세요?

＊ 어디 출신이에요? / 고향은 어디에요?
ともに同じ意味です。

고향(故郷)　어디(どこ)

□ 神奈川県出身です。

가나가와현 출신이에요.

□ 神奈川県のどちらですか？

가나가와현의 어디세요?

□ 東京生まれの東京育ちです。

도쿄에서 태어나서
도쿄에서 자랐어요.

＊ 도쿄의 오래된 마을에서 자랐습니다.
（東京の下町育ちです）

□ もんじゃ焼きという食べ物が
有名な月島というところです。

몬자야키라고 하는 음식이
유명한 츠키시마라고
하는 곳이에요.

＊ 이/가 유명한（〜が有名な）
　(으)로 유명한（〜で有名な）

＊ 하코네라고, 온천으로 유명한 관광지예요.
（箱根といって温泉で有名な観光地です）

学校について　　　Disc1　10

□ 学生さんですか？

^{ハクセンイエヨ}
학생이에요?

□ 大学生です。

^{テハクセンイエヨ}
대학생이에요.

^{コドゥンハクセンイエヨ}
＊ 고등학생이에요. (高校生です)

□ 短大の2年生です。

^{チョンムンデ　イハンニョニエヨ}
전문대 2학년이에요.

^{チョンムンデ}
＊ 韓国で「短大」というとき、一般的に전문대（専門大
^{タンギテハク}
学）という表現を使い、단기대학（短期大学）という
表現はほとんど使われませんが、日本の短期大学を
説明するときにはこの表現を使っても構いません。

□ 専門学校に通っています。

^{チョンムンハッキョエ　タニゴ　イッソヨ}
전문학교에 다니고 있어요.

^{チョンムンハッキョ}
＊ 韓国では、専門的な技術を学ぶ学校を전문학교
^{ハグウォン}
（専門学校）とは言わず、학원（学院）と表現します。
^{テハグウォン　タニョヨ}
＊ 대학원 다녀요. (大学院に通っています)

□ 法学部に通っています。

^{ポプクヮエヨ}
법과예요.

^{ポプパクコンブハゴ　イッソヨ}
＊ 법학 공부하고 있어요. (法学を勉強してるよ)
^{ポプパク}　　　　　　　　　　　　　　　　　　^{ポプクヮ}
법학（法学）よりもよく使われる表現が、법과（法科）
です。
^{キョンヨンハグブエヨ}
＊ 경영학부예요. (経営学部に通っています)

□ 英文科です。

^{ヨンムンクヮ　タニョヨ}
영문과 다녀요.

社交編　日常生活編　外出編　冠婚葬祭編　旅行編　感情表現編

33

☐ テニスサークルに
　入っています。

테니스 서클에서
활동하고 있어요.

＊ 검도부에 들어가 있어요.（剣道部に入っています）

☐ 週に一度ボランティア
　活動をしています。

일주일에 한 번씩 봉사
활동하고 있어요.

＊ 봉사 활동（奉仕活動）　자원 봉사（ボランティア）

■ 学校

幼稚園	유치원	保育園	보육원
小学校	초등학교	中学校	중학교
高校	고등학교	専門学校	전문대학
職業学校	직업학교	短大	단기대학교
大学	대학교	大学院	대학원

■ 学部

政治学部	정치학부	経済学部	경제학부
経営学部	경영학부	法学部	법학부
理工学部	이공학부	医学部	의학부
薬学部	약학부	農学部	농학부
文学部	문학부		

仕事について　　　　　　　　　　　　　　　Disc1　11

□ どんなお仕事を
　されていらっしゃいますか？

◎ 어떤 일을 하고 계십니까?

* 직업이 뭐에요? (職業は何ですか?)

　어떤 직장 다녀요?
　(どんな職場に通っているのですか?)

　일 (仕事)　직업 (職業)　직장 (職場)

□ 普通の会社員です。

◎ 보통 회사원입니다.

* 그냥 평범한 샐러리맨이에요.
　(ただの平凡なサラリーマンですよ)

　보통 (普通の)　평범 (平凡)

□ 銀行員です。

◎ 은행원입니다.

* 은행에서 일해요. (銀行で働いています)
　은행에서 근무해요. (銀行に勤務しています)

　근무하다 (勤務する)

□ 派遣社員です。

용역 사원이에요.

* 계약직 사원이에요. (契約職社員です)

　파견 (派遣)　용역 (用役)　계약직 (契約職)

□ 高校教師をしています。

고등학교 교사예요.

* 교편을 잡다 (教鞭を執る)　가르치다 (教える)

社交編 / 日常生活編 / 外出編 / 冠婚葬祭編 / 旅行編 / 感情表現編

35

☐ 今はフリーターです。	◎ 지금은 백수입니다. ＊ 프리터(フリーター) 백수(白手) 何もしていないきれいな手という意味。 ＊ 지금은 아르바이트로 생활하고 있어요. （今はアルバイトで生活しています） 생활하다(生活する)　면서(〜ながら)
☐ 電機メーカーの営業です。	전기 제품 회사에서 영업을 담당하고 있어요. ＊ 전기 제품 회사에서 영업을 맡고 있어요. （電気製品の会社で営業を受け持っています） 영업사원(営業社員)　담당하다(担当する) 맡다(任される)
☐ 貿易会社で営業業務をしています。	무역회사에서 영업업무를 맡고 있어요.
☐ 外資系企業で事務の仕事をしています。	외국계 기업의 사무직이에요. ＊ 외국계(外国系)　사무직(事務職)
☐ 豊産自動車で働いています。	◎ 도요산자동차에서 일하고 있습니다.

- [ ] 入社して8年になります。

◎ 입사한 지 8년이 됩니다.

-ㄴ지(～(し)てから)
가/이 되다(～になる)
년차(～年次) 년째(～年目)

- [ ] 今年の4月に入社したばかりです。

올 4월에 갓 입사한 새내기예요.

* 갓(～したばかり) 막(たった今)
새내기(新前) 신참(新顔・新参)

■職業を表す単語

弁護士	변호사	教師	교사
会計士	회계사	美容師	미용사
医者	의사	カウンセラー	상담사
看護師	간호사	編集者	편집자
薬剤師	약사	デザイナー	디자이너
ヘルパー	개호사		

住まいについて　　　　　　　　　　　　　　　　　　　　Disc1　12

□ どちらにお住まいですか？　　어디에 살고 계세요?

* 어디 살아요?（どこに住んでいますか？）

  집이 어디예요?（家はどこですか？）

□ 豊島区です。　　도시마구예요.

* 대도시예요.（大都会です）
* 주택가예요.（住宅街です）

  번화가(繁華街)　　관청가(官庁街)

□ 公園の近くです。　　공원 근처예요.

* 이케부쿠로 역 근처요.（池袋駅の近くです）

□ 駅前のマンションに住んでいます。　　역앞의 맨션에 살고 있어요.

□ 一軒家に住んでいます。　　단독주택에 살고 있어요.

* 단독주택(単独住宅)

□ 妻と2人で社宅に住んでいます。　　아내와 둘이서 사택에 살고 있어요.

□ 独身寮に住んでいます。　　독신 기숙사에 살고 있어요.

□ アパートで一人暮らしを
　しています。

アパトゥエソ　　　ホンジャ　サラヨ
아파트에서 혼자 살아요.

ホンジャ サラヨ　　　トンニッペッソヨ
＊ 혼자 살아요./독립했어요.
ともに「一人暮らしです」の意味。
ホンジャ　　　　　　トンニッパダ
혼자(ひとり)　독립하다(独立する)

□ 以前は渋谷区に
　住んでいました。

ジョネヌン　　　シブヤグエソ　　　サラッソヨ
전에는 시부야구에서 살았어요.

□ 実家は埼玉県です。

プモニムン　　　サイタマヒョネ
부모님은 사이타마현에
サルゴ　　ケセヨ
살고 계세요.

　　　　　　　　　　　　　　　　　ウォルレチプ
＊「実家」と同じ表現はなく、원래 집(元々の家)、
コヒャン　　　　　プモニム　チプ
고향(故郷)、부모님 집(両親の家)などの表現を
使います。

家族について　　　　　　　　　　　　　　Disc1　13

□ 何人家族ですか?

カジョギ　　　オットケ　　　テヨ
가족이 어떻게 돼요?

オットケ　　テヨ
＊ 어떻게 돼요?（どのようになりますか?)
シック ヌン　ミョンミョンイエヨ
＊ 식구는 몇 명이에요?（家族は何人ですか?)
シック
식구（家族）「食口」を基にできた漢字語。

□ 4人家族です。

ネミョンイエヨ
네명이에요.

＊ 直訳では「4人です」の意味。

☐ 父と母と姉と 　4人で暮らしています。	◎ 아버지랑 어머니랑 누나랑 4명 이서 살고 있습니다. ＊ 아빠, 엄마, 누나, 이렇게 네 명이에요. 　（お父さん、お母さん、お姉さんの4人です）
☐ 妻と2人暮らしです。	집사람과 둘이서 살고 있어요. ＊ 아내(妻)　집사람(家内)
☐ 夫と子供がいます。	남편이랑 애가 있어요. ＊ 애는 아이의 縮約形
☐ 兄弟はいますか？	형제가 어떻게 돼요?
☐ 兄がいます。	◎ 형이 있습니다.
☐ 3人兄弟の真ん中です。	삼 형제 중 둘째예요. ＊ 맏이(長子)　막내(末っ子)　둘째(2番目)
☐ 一人っ子です。	◎ 외동입니다. ＊ 외동 아들(一人息子)　외동 딸(一人娘)
☐ 私はお母さんに似ました。	난 엄마를 닮았어요. ＊ ～랑 닮았어요. ～을/를 닮았어요. 　「～に似ています」の意味。

□ 父は会社員です。	◎ 아버지는 회사원입니다.
□ 父は2年前に 定年退職しました。	아버지는 2년 전에 정년퇴임 하셨어요.
□ 父は昨年亡くなりました。	◎ 아버지는 작년에 돌아가셨습니다.
□ 母は専業主婦です。	엄마는 집안일 하세요.

子どもについて

□ お子さんは いらっしゃいますか？	자녀분은 있으세요? ＊아이는 있어요?（子供はいますか？） よりフランクな表現です。
□ 子供は2人です。	아이는 둘이에요. ＊漢数詞の2명（2名）、固有数詞の둘（2人） どちらも使えます。
□ 大学生の息子と、 高校生の娘がいます。	대학생 아들하고, 고등학생 딸이 있어요.
□ お子さんはおいくつですか？	자녀분은 몇 살이에요?

☐ 満3歳です。	만 3살이에요. ＊韓国は数え年で年齢を言うのが一般的なため、生まれた時点で1歳です。 　年が明けると誕生日前でも1歳増えます。
☐ 幼稚園に通っています。	유치원에 다니고 있어요.
☐ お子さんは何年生ですか?	자녀분은 몇 학년이에요?
☐ 小学校1年生です。	초등학교 1학년이에요.
☐ 一人っ子ですか?	외동이에요?
☐ 上にお姉ちゃんがいます。	위로 누나가 있어요.
☐ お子さんのお名前は?	자녀분의 이름은? ＊ 아이 이름은?(子供の名前は?)
☐ さやかといいます。	◈ 사야카라고 해요.
☐ この子は人見知りしますか?	이 아이는 낯을 가려요?
☐ いいえ。 　ほとんど人見知りしません。	아니요. 거의 낯을 안 가려요.

☐ おとなしい子ですね。	어른스러운 아이네요.
☐ 元気な子ですね。	활발한 아이네요.
	* 장난꾸러기예요.(いたずらっ子です)
	* 개구쟁이예요.(腕白です)
☐ 甘えん坊です。	응석꾸러기예요.

最近の出来事について　　　　　　　　　Disc1　15

☐ 週末は何をしていましたか?	주말에 뭐 했어요?
☐ 週末どう過ごしていたのですか?	주말에는 어떻게 지내셨어요?
☐ 最近、どこかに行かれましたか?	최근, 어딘가 갔어요?
☐ 京都に行ってきました。	교토에 다녀왔어요.
☐ ソウル大公園に行きました。	서울 대공원에 갔었어요.
☐ クラッシックコンサートに行きました。	클래식 콘서트에 갔었어요.

☐ デートしていたの。	◈ 데이트했어.
☐ ドライブ行ってたんだ。	◈ 드라이브 갔다 왔어.
☐ 友達と買い物をしていました。	친구랑 쇼핑했어요.
☐ 家族そろって旅行に行きました。	가족이 모여서 여행을 갔어요. ＊ 같이(一緒に) 함께(共に) ＊ 당일치기로 여행 다녀왔어요. 　(日帰り旅行をしていました)
☐ 先週の日曜日、友人の結婚式に行きました。	지난주 일요일, 친구의 결혼식에 갔었어요. ＊ 過去形を繰り返すことで完了の意味が強まります。会話の中で頻繁に使われる表現。 갔다(行った)単純過去 → 갔었다(行った)過去完了
☐ 休日出勤していました。	◎ 휴일에 출근했었습니다. ＊ 쉬는 날(休む日)
☐ 一日中、家事をしていました。	하루종일 집안일 했어요. ＊ 집안일(家の中の仕事) 가사(家事)は、まさに「家事」を基にできた漢字語です。
☐ 家の掃除をしていました。	집 안 청소했어요.

☐ 日曜日は家でごろごろしていました。	일요일은 집에서 빈둥거렸어요.

*뒹굴다도 빈둥거리다도 同じように「ごろごろする」「(何もせずに)ぶらぶらする」など、怠け者を表現します。

☐ どこにも行きませんでした。	어디에도 안 갔었어요.

楽しかったことについて　　Disc 1 16

☐ 最近、何かいいことがありましたか?	최근, 뭔가 좋은 일 있었어요?
☐ おいしい店を見つけました。	맛있는 가게를 발견했어요.

*식당(食堂)　발견하다(発見する)　찾다(探す)

☐ 彼と初めてのデートをしました。	남자친구와 처음으로 데이트했어요.
☐ 先週、ファンミーティングに行ってきました。	지난주, 팬 미팅에 갔었어요.
☐ 芸能人と握手しました。	연예인과 악수했어요.

*배우(俳優)　가수(歌手)　유명한 사람(有名人)

☐ 片思いの彼(人)から メールがありました。	짝사랑하는 사람에게서 메일이 왔어요.
☐ コンパで素敵な人に 出会いました。	친목회에서 멋있는 사람을 만났어요. ＊ 친목회(親睦会)　미팅(コンパ)
☐ 妻と一緒に食事をしました。	아내와 함께 식사를 했어요.
☐ 誕生日プレゼントを もらいました。	생일 선물을 받았어요. ＊ 韓国では誕生日は産んでくれた両親に感謝する日であり、祝ってもらうというよりは、感謝の気持ちを込めて周囲の人をもてなします。
☐ 赤ちゃんができました。	아이가 생겼어요.
☐ 宝くじが当たりました。	복권에 당첨됐어요. ＊ 당첨(当選)

3 会う約束をする

만날 약속을 하다

スケジュール・都合を尋ねる　　Disc1　17

□ 一度お目にかかれますか？
　　　　　　　ハン　ボン　マンナル　ス　イッスルッカヨ
　　　　　　　한 번 만날 수 있을까요?
　　　　　　　ハン　ボン　マンナル　ス　イッソヨ
　　　　　　　한 번 만날 수 있어요?
　　　　　　　　　　　マンナル ス イッスルッカヨ
　　　　　　　＊만날 수 있을까요?（お目にかかれるでしょうか?）

□ 今日のご予定は
　いかがですか？
　　　　　　　オヌル　イェジョンウン　オットセヨ
　　　　　　　오늘 예정은 어떠세요?
　　　　　　　　オヌレ　イェジョヌル　アルリョ　ジュセヨ
　　　　　　　＊오늘의 예정을 알려 주세요.
　　　　　　　　（今日の予定を教えてください）

□ 週末はどこかに
　行かれますか？
　　　　　　　チュマレヌン　オディンガエ　カセヨ
　　　　　　　주말에는 어딘가에 가세요?

□ 今週の日曜日会えますか？
　　　　　　　イボン　チュ　イリョイレ
　　　　　　　이번 주 일요일에
　　　　　　　マンナル　ス　イッソヨ
　　　　　　　만날 수 있어요?

□ 今日、時間ある？
　　　　　　　オヌル　シガン　イッソ
　　　◆오늘, 시간 있어?

□ 今日、暇？
　　　　　　　オヌル　ハンガヘ
　　　◆오늘 한가해?

☐ 今、新村にいるのだけれど、出てこられますか？	◎ 지금, 신촌에 있는데, 나와 주시겠습니까?
☐ 今、ロッテホテルのロビーにいるのだけれど、すぐに来られますか？	◎ 지금, 롯데호텔의 로비에 있는데, 바로 와 주시겠습니까? ＊ 오실 수 있습니까?（来られますか？）
☐ 7時から皆で集まるのだけれど、今から出てこられますか？	◎ 7시부터 다 같이 모이는데, 지금부터 나와 주시겠습니까? ＊ 나와 줄 수 있습니까?（出てくることができますか？）
☐ 今日は何かしたいことがありますか？	◎ 오늘은 뭐 하고 싶은 일이 있나요?
☐ 何したい？	◆ 뭐 하고 싶어?
☐ どこかに行きたい？	◆ 어딘가에 가고 싶니?

スケジュール・都合を答える　　Disc1　18

特に予定はありません。	◎ 특별히 예정은 없습니다.
	* 특별히 예정은 없어요. (特に予定はありません)
今日は暇だよ。	◆ 오늘은 한가해.
特にないよ。	◆ 특별히 없어.
何をしようか、考えていたところです。	무엇을 할까, 생각하던 중이었어요.
今日は、休日出勤です。	◎ 오늘은 휴일근무입니다.
	* 근무 (勤務)
今日は家でのんびりするつもりです。	오늘은 집에서 뒹굴 생각이에요.
一日、のんびり過ごしたい。	◆ 하루만, 느긋하게 지내고 싶어.
一日寝ていたいよ。	◆ 하루종일 잠만 자고 싶어.

社交編 / 日常生活編 / 外出編 / 冠婚葬祭編 / 旅行編 / 感情表現編

49

☐ 彼氏とデートなの。	◈ 남자친구랑 데이트해. （ナムジャチングラン　デイトゥヘ）
☐ 街をぶらぶらしようかな。	◈ 길거리를 쏘다닐까. （キルコリルル　ッソダニルッカ）
☐ ウィンドウショッピングでもするつもり。	◈ 아이쇼핑이라도 하려고. （アイショッピンイラド　ハリョゴ）
☐ 映画、見たいな。	◈ 영화, 보고 싶다. （ヨンファ　ポゴ　シプタ）
☐ 海を見たいなあ。	◈ 바다를 보고 싶다. （パダルル　ポゴ　シプタ）
☐ ドライブをしたいな。	◈ 드라이브를 하고 싶다. （ドゥライブルル　ハゴ　シプタ）
☐ 何でもいいな。	◈ 무엇이든 좋아. （ムォシトゥン　チョア）
☐ お祭りに行きます。	◈ 축제에 가요. （チュクチェエ　カヨ） ＊ 꽃잔치（花祭り）（ッコッチャンチ）
☐ 草津温泉に行きます。	◈ 쿠사츠 온천에 가요. （クサチュ　オンチョネ　カヨ）

☐ 海までドライブします。	바다에 드라이브 가요.
☐ 長野の美術館に行きます。	나가노에 있는 미술관에 가요. ＊地名＋에 있는＋場所の名前（〜にある〜）
☐ 美容院に行く予定。	◎미용실에 갈 예정이야.
☐ 今日は午前中は会議が入っています。	◎오늘은 오전 중에 회의가 있습니다.
☐ 今日は午後から友人の結婚式に参列します。	◎오늘은 오후부터 친구의 결혼식에 참석합니다.
☐ 午前中は家事をこなして、午後は家でＤＶＤ鑑賞しようと思って。	◎오전 중에는 집안일을 다 하고, 오후는 집에서 DVD 감상하려고.
☐ 午後は友達に会う約束をしています。	오후는 친구랑 만나기로 약속했어요.

社交編 / 日常生活編 / 外出編 / 冠婚葬祭編 / 旅行編 / 感情表現編

誘う

今度、食事でもしませんか？	다음에 식사라도 하지 않을래요?
今晩、飲みに行きませんか？	◎ 오늘 밤 술 마시러 가지 않겠습니까?
今週の日曜日、予定が入っていなければ、映画を見に行きませんか？	이번 주 일요일, 예정이 없으면, 영화를 보러 가지 않을래요?
コンサートに行きませんか？	콘서트 보러 가지 않을래요?

* 당일치기 버스 투어 가지 않을래요?
  (日帰りバスツアーに行きませんか？)
* 낚시하러 가지 않을래요?
  (釣りに行きませんか？)

遊園地に行きませんか？	놀이공원에 놀러 가지 않을래요?
公園にピクニックに行きませんか？	공원에 소풍 가지 않을래요?

□ 紅葉を見に行きませんか?	단풍을 보러 가지 않을래요?
□ 河原でバーベキューしませんか?	강변에서 바비큐 파티하지 않을래요?
□ 水族館に行こうよ。	수족관에 가자.
□ デパートのバーゲンセールに行こうよ。	날백화 바겐세일 하는데 가자.
□ 天気がいいから、どこかに出かけようよ。	날씨가 좋으니까, 어딘가 놀러 가자.
□ 友達と飲むんだけど一緒に来ない?	친구랑 한잔할 건데 오지 않을래?
□ ミンジの家で飲み会があるから行こうよ。	민지네 집에서 술 마신다는데 가자.

社交編

日常生活編

外出編

冠婚葬祭編

旅行編

感情表現編

53

自宅に招待する

Disc1 20

- [ ] うちに来ませんか？

우리 집에 놀러 오지 않겠어요?

* 저희 집에 놀러 오시지 않겠어요?
（私どもの家に遊びにいらっしゃいませんか？）

저희は（わたくしども）という丁寧な表現で、우리は（わたしたち）という一般的な表現。

오시다（いらっしゃる）は、오다（いる）の尊敬語です。

- [ ] 今日、うちに来ない？

◇ 오늘 우리 집에 오지 않을래?

- [ ] うちに泊まりにおいで。

◇ 우리 집에 자러 와.

- [ ] 庭でバーベキューをするので来てください。

마당에서 바비큐할 생각이니 놀러 오세요.

- [ ] うちでDVD見ない？

◇ 집에서 DVD 안 볼래?

- [ ] うちでガールズトークしようよ。

◇ 집에 가서 여자들끼리 수다 떨자.

* 動詞の語尾にある다を取って자をつけると、「〜しよう」という表現になります。

- [ ] ホームパーティーが
  あるから、来て来て。

  ◈ 우리 집에서 파티하니까,
  놀러 와.
  * 韓国語で「見て見て」は 봐봐 と表現しますが、
  「来て来て」は単に 와 と表現します。

- [ ] 持ち寄りパーティーを
  するから来て。

  ◈ 포트럭 파티할
  거니깐 놀러 와.

- [ ] 遠慮しないで
  遊びに来てください。

  사양하지 마시고 놀러 오세요.

- [ ] みんな会いたがって
  いますよ。

  다들 보고 싶어해요.

- [ ] ご家族ご一緒に
  どうぞいらしてください。

  가족 분들과 같이 한 번
  들러 주세요.
  * 한 번(一度)

- [ ] 来てくれると嬉しいです。

  와 줬으면 좋겠어요.
  * (으)면 좋겠어요 (〜だったらいいな)

社交編

日常生活編

外出編

冠婚葬祭編

旅行編

感情表現編

誘いに答える　　　　　　　　　　　　　　　　　　　　Disc1　21

- ☐ 喜んでお伺いします。
  ◎ 기꺼이 찾아뵙겠습니다.

- ☐ とても楽しみにしています。
  ◎ 기대하고 있겠습니다.
  ＊ 기대돼요. (楽しみです)
  　 기대할게요. (期待しています)

- ☐ 来週の日曜日でもいいですか？
  다음 주 일요일이라도 괜찮아요?

- ☐ 平日の夜でもいいですか？
  평일 밤이라도 괜찮아요?

- ☐ 友達も連れて行っていい？
  ◎ 친구 데려가도 돼?

- ☐ 何か必要なものがありますか？
  뭔가 필요한 거 있어요?

- ☐ 早く行って準備を手伝おうか？
  ◎ 빨리 가서 준비하는 거 도울까?

☐ 申し訳ない。 今度また誘ってください。	◎ 죄송합니다. 다음에 또 불러 주세요.
☐ 今日は残業で 行けないんです。	오늘은 잔업이 있어서 갈 수 없어요.
☐ 今日は、会社の送別会 なんです。	◎ 오늘은 회사의 송별회입니다.
☐ 締め切りが明日までだから、 無理です。	◎ 마감일이 내일이라서 무리입니다.
☐ 今週は飲み会続きだから、 やめとく。	◎ 이번 주는 계속 술 마셔야 하니까 오늘은 쉴래.
☐ 最近、胃の調子が悪くて。	◎ 요즘은 위가 안 좋아서.
☐ 風邪気味なんだ。	◎ 감기인 것 같아.
☐ 今日はお金がないんです。	오늘은 돈이 없어요.

社交編

日常生活編

外出編

冠婚葬祭編

旅行編

感情表現編

時間を決める　　　　　　　　　　　　　　　　　　　　Disc1　22

- [ ] 11時でいいですか？　　　11시에 괜찮아요?

- [ ] 時間は何時でもいいですよ。　시간은 언제든 상관없어요.

- [ ] 時間は合わせます。　　　시간은 맞출 수 있어요.

- [ ] もう少し遅い時間がいいです。　좀 더 늦은 시간이 좋겠군요.

- [ ] 10時には間に合わないかもしれません。　10시에는 못 맞출 수도 있어요.

- [ ] 少し遅れてもいいですか？　◎ 조금 늦어도 괜찮습니까?

- [ ] 少し遅れるかも。　　　◈ 조금 늦을지도 물라.

- [ ] 11時10分前に行っています。　11시10분 전에 가 있어요.

☐ 今から出たら8時になってしまいますが、大丈夫ですか？	지금 나가면 8시쯤에 도착할 것 같은데, 괜찮겠습니까?
☐ 携帯番号を教えておきます。	핸드폰 번호 알려 드릴게요.
☐ 何かあったらいつでも電話してください。	무슨 일이 있으면 언제든지 전화 주세요.
☐ 遅れるときは携帯に電話して。	늦을 때는 핸드폰으로 전화해.
☐ 遅れそうだったら携帯メールして。	늦을 것 같으면 문자 보내.
☐ ダメならメールください。	안 된다면 메일 주세요.
☐ 駅に着いたら一度電話する。	역에 도착하면 한번 전화할게.

場所を決める

☐ 待ち合わせは どこがよろしいですか？	장소는 어디가 좋으세요?
☐ どこで待ち合わせ しましょうか？	어디서 만날까요?
☐ どこでも構いません。	◎ 어디라도 좋습니다. ＊ 어디라도 괜찮아요. (どこでもいいですよ)
☐ 駅の西口改札にしましょう。	역의 서쪽 입구 개찰구에서 만나요.
☐ 駅前のロータリーまで 来てください。	역앞의 로터리까지 와 주세요.
☐ ホテル前の広場に 迎えに来てください。	호텔 앞의 광장에 마중나와 주세요.
☐ 現地集合にしましょう。	현지집합으로 해요.

☐ 大学の正門前に集合してください。	대학교의 정문 앞에 집합해 주세요.	テハッキョエ ジョンムナッペ チパッペ ジュセヨ
☐ 駅前のカフェで待っていてください。	역앞의 카페에서 기다려 주세요.	ヨガッペ カペエソ キダリョ ジュセヨ
☐ 切符売場で待っています。	매표소에서 기다릴게요. * 역앞의 공원에서 기다릴게요. （駅前の公園で待っています）	メピョソエソ キダリルケヨ / ヨガッペ コンウォネソ キダリルケヨ
☐ ホテルの1階ロビーで待っています。	호텔의 1층 로비에서 기다릴게요.	ホテレ イルチュン ロビエソ キダリルケヨ
☐ 明洞のスターバックスで待っています。	명동의 스타벅스에서 기다리고 있어요.	ミョンドンエ スタボクスエソ キダリゴ イッソヨ
☐ 駅のホームを降りて1番後ろで待っています。	역의 홈을 내려와 제일 뒤쪽에서 기다릴게요.	ヨゲ ホムル ネリョワ チェイル ティッチョゲソ キダリルケヨ
☐ 駅前の飲み屋で待ってるよ。	◈ 역앞에 있는 술집에서 기다릴게.	ヨガッペ インヌン スルチベソ キダリルケ

社交編

日常生活編

外出編

冠婚葬祭編

旅行編

感情表現編

61

- ☐ 道が分からなかったら電話してください。

길을 모르겠으면 전화하세요.
_{キルル モルゲッスミョン チョナハセヨ}

- ☐ 迷ったら電話します。

헤매게 되면 전화할게요.
_{ヘメゲ テミョン チョナハルケヨ}

＊ 길을 모르겠으면 전화할게요.
_{キルル モルゲッスミョン チョナハルケヨ}
　（道が分からなかったら電話する）

- ☐ 駅まで迎えに行きます。

역까지 마중 나갈게요.
_{ヨッカジ マジュン ナカルケヨ}

＊ 역까지 데리러 갈게요.でも同じ意味になります。
_{ヨッカジ テリロ カルケヨ}

데리러 가다（連れに行く）
_{テリロ カダ}

- ☐ ミギョンさんと一緒に行くから大丈夫です。

미경 씨랑 같이 갈 거니까 괜찮아요.
_{ミンギョン ッシラン カッチ カル コニッカ ケンチャナヨ}

- ☐ 1人で行けるから大丈夫。

◈ 혼자 갈 수 있으니깐 괜찮아.
_{ホンジャ カル ス イッスニッカン ケンチャナ}

- ☐ 前に一度行ったから覚えていますよ。

전에 한 번 간 적 있어서 기억하고 있어요.
_{チョネ ハン ボン カン チョク イッソソ キオッカゴ イッソヨ}

遅刻の連絡をする　　Disc1　24

☐ 10分くらい遅れそうです。　　10분 정도 늦을 것 같아요.

☐ 電車が遅れています。　　◎ 전철이 늦어지고 있습니다.

☐ 人身事故みたいです。　　인신사고 같아요.

☐ 遅れるかも知れないから先に行っていて。　　◆ 늦을지도 모르니까 먼저 가 있어.

☐ 遅れそうだから駅前の本屋さんで待っていて。　　◆ 늦을 것 같으니까 역앞의 서점에서 기다리고 있어.

* 30분은 늦어지니까 맥도널드에 들어가 있어.
（30分は遅れるから、マクドナルドに入っていて）

☐ ずいぶん待ちましたか?　　많이 기다렸어요?

☐ 遅れてすみませんでした。　　◎ 늦어서 죄송합니다.

* 늦어서 미안합니다. (遅れてごめんなさい)

社交編

日常生活編

外出編

冠婚葬祭編

旅行編

感情表現編

63

☐ ごめん。携帯を忘れちゃって連絡ができなかった。	◇ 미안. 핸드폰을 잊고 와서 연락할 수 없었어.
☐ 電車を乗り過ごしちゃって。	◈ 전철에서 내릴 곳을 지나쳐 버렸어.
☐ タクシーがなかなかつかまらなくて、遅れてしまいました。	◎ 택시가 좀처럼 안 잡혀서 늦어버렸습니다.
☐ 渋滞がひどくて。	도로가 많이 막혀서.
☐ 会議が長くなって遅れちゃった。	◈ 회의가 길어져서 늦어졌다.
☐ 出がけに仕事の電話が入ってしまって。	나오려고 할 때에 일 관계 전화가 와서.
☐ 遅れたから、今日は私がおごるね。	◈ 늦었으니까 오늘은 내가 살게. ＊ 낼게(出すね・払うね)

Chapter 2

日常生活編

朝起きてから身支度・食事、電話やパソコンを使ったオフィスでの表現まで、日常生活を送るのに欠かせないフレーズを紹介します。トラブルに対処するためのフレーズも覚えておきましょう。

1 毎日の出来事

매일 일어난 일

起きる

Disc 1　25

□ おはようございます。
◎ 안녕히 주무셨습니까?
　　 [アンニョンヒ　チュムショッスムニッカ]

　잘 잤어요?
　　 [チャル　チャッソヨ]

　＊ どちらも「よく眠れましたか？」という意味。
　＊ 일어나셨어요?（起きましたか？）
　　 [イロナショッソヨ]
　＊ 知人宅に宿泊したり、ホテルでは안녕하세요.を
　　 「おはようございます」の意味で使えます。
　　　　　　　　　　　　　　[アンニョンハセヨ]

□ 起きてください。
일어나세요.
[イロナセヨ]

□ 朝ですよ。
아침이에요.
[アッチミエヨ]

　＊ 아침이야.（朝だよ）
　　 [アッチミヤ]

□ 今、起きるよ。
◎ 지금 일어날 거야.
　　 [チグム　イロナル　コヤ]

□ よく寝た！
◎ 잘 잤다!
　　 [チャル　チャッタ]

□ 眠いよ。
◎ 졸려.
　　 [チョルリョ]

□ まぶしいよ。
◎ 눈부셔.
　　 [ヌンブショ]

☐ もう少しだけ、眠らせてください。	チョグムマン ト チャゲ ヘジュセヨ 조금만 더 자게 해주세요. チャゲ ヘジュォ * 자게 해줘（眠らせてよ） チムデエソ ナカゴ シプチ アナ * 침대에서 나가고 싶지 않아. （ベッドから出たくない）	
☐ 寝過ごした。	ノム オレ チャッソ ◇ 너무 오래 잤어. ヌッチャムチャッソ * 늦잠잤어.（寝坊した）	
☐ どうして起こしてくれなかったの?	ウェ アン ッケオッソ ◇ 왜 안 깨웠어?	
☐ 目覚ましが鳴らなかった。	アルラミ アノウルリョッソ ◇ 알람이 안 울렸어.	
☐ 今日は3時間しか寝ていないよ。	オジェヌン セシガンパッケ モッ チャッソ ◇ 어제는 3시간밖에 못 잤어.	
☐ 夜更かしするからいけないんだよ。	パムヌッケッカジ アンチャニッカ 밤늦게까지 안 자니까 クロッチ 그렇지.	
☐ いい夢を見ましたか?	チョウン ックム ックウォッソヨ ◇ 좋은 꿈 꿨어요? ックムルックダ * 꿈을 꾸다（夢を見る）	
☐ 怖い夢を見ました。	ムソウン ックムル ックウォッソヨ 무서운 꿈을 꿨어요. チェミインヌン ックムル ックウォッソヨ * 재밌는 꿈을 꿨어요.（楽しい夢を見ました）	

☐ 一度、トイレに起きたよ。	◈ 한 번 화장실 때문에 일어났어.
☐ 暑くて2度も目が覚めちゃった。	◈ 더워서 2번이나 깨버렸어. ＊ (아/어)버리다 (〜(し)てしまう)
☐ 寒くて眠れなかったよ。	◈ 추워서 자지 못했어.
☐ 休みの日は、お昼まで寝ています。	쉬는 날은 점심때까지 자고 있어요.

身支度する　　　Disc1　26

□ 顔を洗ってください。
　세수하세요.
　(セスハセヨ)

□ 歯を磨いてください。
　이를 닦으세요.
　(イルル タックセヨ)

□ ひげを剃らなくちゃ。
　◆ 수염 깎아야지.
　(スヨム ッカッカヤジ)
　＊ 면도를 합니다.（ひげそりをします）
　(ミョンドルル ハムニダ)

□ コンタクト付けなくちゃ。
　◆ 콘택트렌즈를 끼워야지.
　(コンテクトゥレンジュルル ッキウォヤジ)
　＊ 렌즈를 착용하지 않으면 안 돼요.
　（レンズを着用しなくてはいけません）
　(レンジュルル チャギョンハジ アヌミョン アン デヨ)

□ トイレに行きたい。
　◆ 화장실에 가고 싶어.
　(ファジャンシレ カゴ シッポ)

□ 朝シャンをしたいです。
　아침에 머리를 감고 싶어요.
　(アッチメ モリルル カムコ シッポヨ)

□ シャワーを浴びますか？
　샤워하실래요?
　(シャウォハシルレヨ)

□ お化粧をします。	^{ファジャンウル ヘヨ} 화장을 해요.	
□ 日焼け止めありますか?	^{ソン クリム イッソヨ} 선 크림 있어요?	
□ 化粧水をつけます。	^{ファジャンスルル パルラヨ} 화장수를 발라요. ^{ロショヌル パルムニダ} ＊ 로션을 바릅니다.(ローションを塗ります)	
□ お化粧ののりが悪いなあ。	^{ファジャンイ チャル アン モゴ} ◈ 화장이 잘 안 먹어. ^{ファジャンイ チャルテジ アナヨ} ＊ 화장이 잘되지 않아요. も同じ意味。	

■ 洗面用具と化粧品

歯ブラシ	^{チッソル}**칫솔**		コンシーラー	^{コンシルロ}**컨실러**
歯磨き粉	^{チヤク}**치약**		アイシャドー	^{アイスェドウ}**아이쉐도우**
洗顔フォーム	^{クルレンジンポム}**클렌징폼**		アイライナー	^{アイライノ}**아이라이너**
化粧水	^{ファジャンス}**화장수**		マスカラ	^{マスカラ}**마스카라**
乳液	^{スキンロション}**스킨로션**		ビューラー	^{ピュロ}**뷰러**
日焼け止め	^{ッソンクリム}**선크림**		アイブロウ ペンシル	^{アイブロウ}**아이브로우** ^{ペンスル}**펜슬**
ファンデーション	^{パウンデイション}**파운데이션**			

☐ 今日は何を着て行こうかな？	オヌルン ムオル イプコ カルッカ ◆오늘은 뭘 입고 갈까?
☐ ワイシャツにアイロンが かかっていないよ。	ワイショチュ タリジ アナッソ ◆와이셔츠 다리지 않았어.
☐ 靴下どこ？	ヤンマル オディエ イッソ ◆양말 어디에 있어?
☐ ハンカチも忘れないでね。	ソンスゴンド イッチ マ ◆손수건도 잊지 마. チ マセヨ ＊지 마세요（〜(し)ないでください）
☐ 洋服にブラシを かけてください。	ヤンボゲ ソルジルル ハセヨ 양복에 솔질을 하세요.
☐ 髪をセットしなくちゃ。	モリルル セッティンヘヤ ヘ ◆머리를 세팅해야 해.
☐ ブラシを貸してください。	ブラスィルル ピルリョジュセヨ 브러쉬를 빌려주세요.
☐ ドライヤーを使っても いいですか？	ドゥライキルル サヨンヘド テヨ 드라이기를 사용해도 돼요? ケンチャナヨ ＊괜찮아요?（大丈夫ですか？） テヨ チョアヨ 돼요?／좋아요? ともに「いいですか？」の意味。 親しい仲では、了解を得る表現自体をあまり使いません。

社交編

日常生活編

外出編

冠婚葬祭編

旅行編

感情表現編

新聞・テレビ

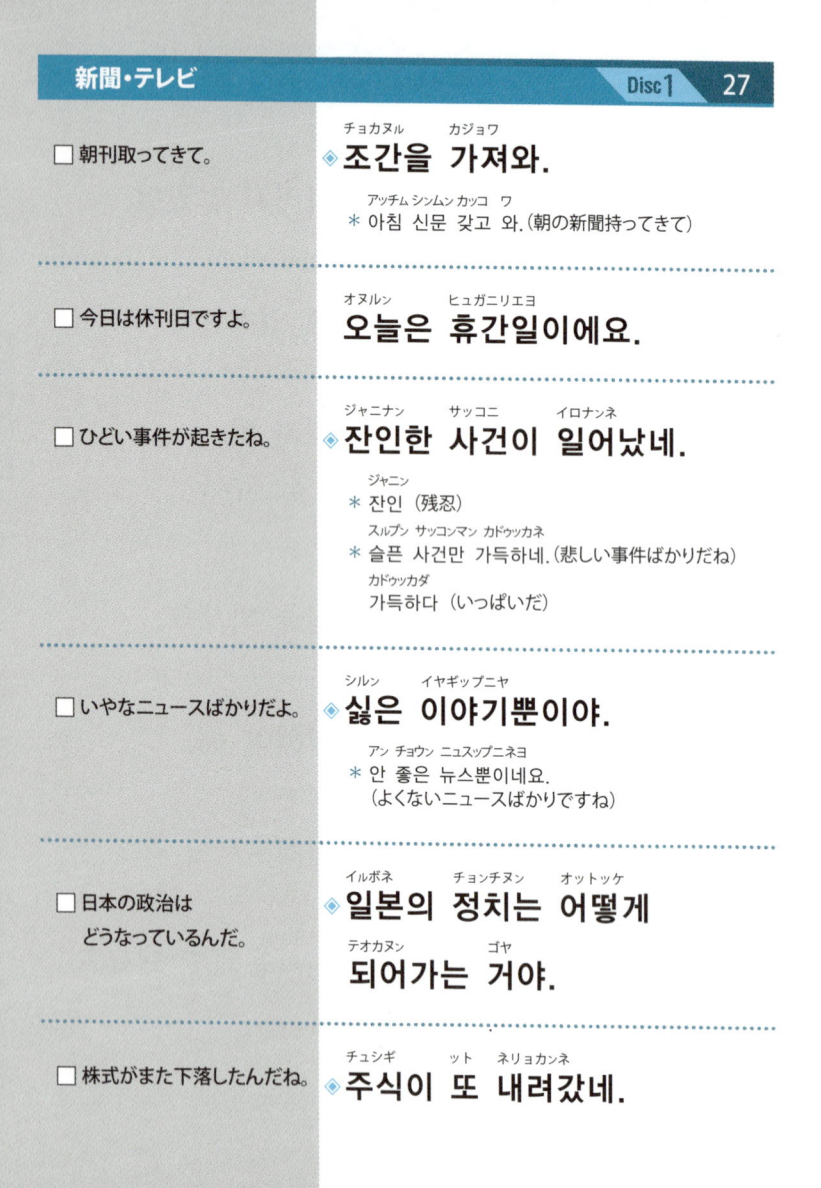

□ 朝刊取ってきて。
◈ 조간을 가져와.
* 아침 신문 갖고 와.(朝の新聞持ってきて)

□ 今日は休刊日ですよ。
오늘은 휴간일이에요.

□ ひどい事件が起きたね。
◈ 잔인한 사건이 일어났네.
* 잔인 (残忍)
* 슬픈 사건만 가득하네.(悲しい事件ばかりだね)
  가득하다 (いっぱいだ)

□ いやなニュースばかりだよ。
싫은 이야기뿐이야.
* 안 좋은 뉴스뿐이네요.
  (よくないニュースばかりですね)

□ 日本の政治は
どうなっているんだ。
◈ 일본의 정치는 어떻게 되어가는 거야.

□ 株式がまた下落したんだね。
주식이 또 내려갔네.

□ 環境問題の記事を読んでごらんよ。
◆ 환경문제의 기사를 읽어봐.

□ 四コマ漫画面白いよ。
◆ 네 컷 만화가 재미있어.

□ テレビ欄しか見ないよ。
◆ 텔레비전 프로그램 편성표밖에 보지 않아.

□ テレビつけて。
◆ 텔레비전을 켜 줘.

□ 毎朝、朝のワイドショーを見ています。
◎ 매일, 아침와이드쇼를 봅니다.

□ 天気予報を見たいな。
◆ 일기예보를 보고 싶어.
＊ 고 싶다 (〜(し)たい)

□ 今日、ＫＢＳ放送で面白い番組があるよ。
◆ 오늘, KBS에서 재밌는 프로를 한대.

朝食を取る　　　　　　　　　　　　　　　　　　　　Disc1　28

☐ 朝ごはん食べますか？

아침 먹어요?
〈アッチム モゴヨ〉

* 아침 먹을래요? でも同じ意味。
〈アッチム モグルレヨ〉

* 조반(朝飯)　아침(朝ごはん)　아침식사(朝の食事)
〈チョバン〉〈アッチム〉〈アッチムシクサ〉

먹다(食べる)
〈モクタ〉

드시다(召し上がる)の基本形は들다(食べるの美語)
〈トゥシダ〉〈トゥルダ〉

잡수시다（召し上がる）　食べるの尊敬語。
〈チャプスシダ〉

☐ コーヒーをください。

커피를 주세요.
〈コピルル ジュセヨ〉

* 부탁합니다(お願いします)は、少し堅い表現です。
〈ブッタッカムニダ〉

☐ 野菜ジュースください。

야채주스 주세요.
〈ヤチェジュス ジュセヨ〉

☐ 果物だけでいいです。

과일만으로 충분해요.
〈クァイルマヌロ チュンブネヨ〉

* 충분(十分)
〈チュンブン〉

☐ 今日はいりません。

오늘은 건너뛰겠어요.
〈オヌルン コンノッティゲッソヨ〉

☐ 朝ごはんはいつも食べません。

아침은 늘 안 먹어요.
〈アッチムン ヌル アン モゴヨ〉

☐ 朝は食欲がありません。

아침에는 식욕이 없어요.
〈アッチメヌン シギョギ オプソヨ〉

☐ 朝ごはんを食べないと力が出ません。	아침을 먹지 않으면 기운이 안 나요. * 기운(元気) 힘(力)
☐ 朝はごはんと味噌汁がいいですね。	아침은 밥과 된장국이 좋아요.
☐ カフェのモーニングセットを食べます。	카페의 모닝세트를 먹어요.
☐ 毎朝トーストを食べます。	매일 아침 토스트를 먹어요.
☐ 朝からこんなにたくさんは食べられません。	아침부터 이렇게 많이는 먹을 수 없어요. * 못 먹어요.(食べられません)も使えます。
☐ ごはんを食べながら新聞を読まないでください。	밥을 먹으며 신문을 읽지 마세요. * (으)면서 　(으)며 (〜ながら)

出かける　　　　　　　　　　　　　　　　　Disc1　29

- [ ] 行ってきます。
  ◎ 다녀오겠습니다.
  タニョオゲッスムニダ
  ＊ 다녀올게요.でも同じ意味になります。
  タニョオルッケヨ

- [ ] 行ってらっしゃい。
  ◎ 다녀오십시오.
  タニョオシプシオ
  ＊ 다녀오세요.でも同じ意味になります。
  タニョオセヨ

- [ ] 気をつけて。
  ◇ 조심해.
  チョシメ

- [ ] 傘を持って行ったほうがいいですよ。
  우산을 가져가는 편이 좋아요.
  ウサヌル　カジョカヌン　ピョニ　チョアヨ

- [ ] 遅刻しそうだ。
  ◇ 지각을 할 거 같아.
  チガグル　ハル　コッ　カッタ

- [ ] 電車が遅れています。
  전철이 늦어지고 있어요.
  チョンチョリ　ヌジョジゴ　イッソヨ

- [ ] 今日は残業がないから早く帰れるよ。
  ◇ 오늘은 잔업이 없으니까 빨리 들어올 거야.
  オヌルン　チャノビ　オプスニッカ　パルリ　トゥロオルッ　コヤ

- [ ] 今日は接待で遅くなるよ。
  ◇ 오늘 접대가 있어서 늦을 거야.
  オヌルン　チョプデガ　イッソソ　ヌジュル　コヤ

- [ ] 今日は飲み会だから晩ごはんはいらないよ。
  ◇ 오늘은 술 모임이 있으니까 저녁밥은 필요 없어.
  オヌルン　スル　モイミ　イッスニッカ　チョニョクパブン　ピリョ　オプソ

☐ 遅くなったら 携帯メールするよ。	늦어지게 되면 문자를 보낼게.	
☐ ラッシュアワーが嫌いです。	러시아워가 싫어요.	
☐ 次の電車に乗りましょう。	다음 전철을 타요.	

家事をする　　　　　　　　　　　　　　Disc1　30

☐ 毎朝、洗濯しています。	매일 아침, 빨래를 해요.	
☐ おしゃれ着洗いをします。	멋쟁이 옷을 세탁해요.	
☐ 洗濯バサミはどこですか?	빨래집게는 어디에 있어요?	
☐ 今日は洗濯日和です。	오늘은 빨래하기 좋은 날이에요.	
☐ 曇っているから乾かない かもしれません。	날씨가 흐리기 때문에 마르지 않을 수도 있어요. ＊기 때문에(〜なので)	

☐ 洗濯ものを
取り込んでください。

빨래를 걷어 주세요.

* 빨래를 개어 주세요.
（洗濯ものをたたんでください）

☐ シャツにアイロンをかけます。

와이셔츠에 다림질해요.

☐ お風呂掃除をしてください。

욕실 청소를 해 주세요.

* 화장실 청소를 부탁해요.
（トイレ掃除をお願いします）

* 잔디를 깎아 주세요.
（芝刈りをしてください）

* 정원수에 물을 주세요.
（植木に水をやってください）

☐ ぞうきんがけを
お願いします。

걸레질을 부탁해요.

☐ 掃除機をかけます。

청소기를 돌려요.

* 창을 닦아요.（窓ふきをします）

☐ ふとんを干しましたか？

이불 말렸어요?

☐ ふとんを干したから
ふかふかだよ。

◆ 이불을 널었더니 푹신푹신해.

☐ シーツを取り換えました。

침대 시트를 교환했어요.

☐ 食事は手作りするように 心がけています。	식사는 제가 직접 만들려고 신경을 써요.	
☐ 毎朝、夫と子供たちの お弁当を作ります。	매일 아침 남편과 아이들의 도시락을 만들어요.	
☐ 仕事と家事の両立は 大変じゃありませんか？	일과 가정일을 같이하는 것은 힘들지 않으세요?	
☐ 我が家は共働きなので 家事を分担しています。	우리 집은 맞벌이기 때문에 집안일을 분담해요.	
☐ 夫は家事をしません。	남편은 집안일을 하지 않아요.	
☐ 夫は子育てには協力的です。	남편은 육아에 대해서는 협력적이에요. ＊ 육아(育児)	
☐ 子供が手伝ってくれます。	아이가 도와줘요.	

☐ 今日は燃えるゴミの日です。	오늘은 타는 쓰레기를 버리는 날이에요. ＊ 가연 쓰레기(可燃ゴミ)
☐ 明日は燃えない ゴミの日です。	내일은 타지 않는 쓰레기를 버리는 날이에요. ＊ 불가연 쓰레기(不燃ゴミ)
☐ ゴミの分別は きちんとしています。	쓰레기의 분류는 확실히 하고 있어요.
☐ 庭に花の種を植えました。	정원에 꽃씨를 뿌렸어요.
☐ 薔薇の花が咲きました。	장미꽃이 피었어요.

帰宅する・出迎える

- [ ] お帰りなさい。

    アンニョンヒ　タニョオショッソヨ
    안녕히 다녀오셨어요?

    チャル タニョワッソヨ
    ＊ 잘 다녀왔어요?
    こちらはフランクな表現です。

- [ ] ただいま。

    タニョワッスムニダ
    ◎ **다녀왔습니다.**

    タニョワッソヨ　　　　　　　　タニョワッソ
    ＊ 다녀왔어요. (帰りました)　다녀왔어. (帰ったよ)

- [ ] お疲れ様。

    スゴハショッスムニダ
    ◎ **수고하셨습니다.**

    ＊ 日本語と同様、本来は目上の人に使ってはいけない表現ですが、職場などでは日常的に使われています。

- [ ] 今日一日どうだった?

    オヌル　ハル　オッテッソ
    ◈ **오늘 하루 어땠어?**

    オヌル　ハル　オッショッソヨ
    ＊ 오늘 하루 어떠셨어요? でも同じ意味。
    身内ですが両親に対しても、敬語を使います。

- [ ] 忙しかったよ。

    パッパッソ
    ◈ **바빴어.**

- [ ] 疲れたよ。

    チチョッソ
    ◈ **지쳤어.**

- [ ] 契約が決まったよ。

    ケヤギ　　チェギョルテッソ
    ◈ **계약이 체결됐어.**

- [ ] 途中で雨が降ったよ。

    トジュンエ　ピガ　ワッソ
    ◈ **도중에 비가 왔어.**

    チベオヌンギル　　　　　　　　カヌンギル
    ＊ 집에 오는 길(帰り道)　가는 길(行く途中)

Disc1　31

社交編

日常生活編

外出編

冠婚葬祭編

旅行編

感情表現編

81

□ ごはんにする?
◆ 밥 먹을래?
* 목욕할래?(お風呂にする?)

□ シャワーを浴びてくる。
◆ 샤워를 하고 올게.

□ うがいをしよう。
◆ 양치질을 하자.
* 자(〜しよう)　ㅂ시다(〜しましょう)

□ また飲んできたの?
◆ 또 술 먹고 온 거야?
* 또 술 드시고 오셨습니까?
　目上の人が相手の場合、こちらを使います。

□ 付き合いだから仕方ないよ。
◆ 일이라서 어쩔 수 없어요.
* 접대라서 (接待だから)

□ 今日は残業だったんじゃないの?
◆ 오늘은 잔업이었던 거 아니야?

□ 体調が悪くて帰ってきた。
◆ 몸 상태가 좋지 않아서 돌아왔어.
* 몸이 아파서 돌아왔어요.
　(具合が悪くて帰ってきた)

□ 今日は本当に暑かった。
◆ 오늘은 정말 더웠어.
* 오늘은 정말 추웠어.(今日は本当に寒かった)

夕食を取る　　　　Disc1 32

□ いいにおいだね。	좋은 향기네.
□ 今日の晩ごはんは何?	오늘 저녁은 뭐야?
□ 今日はシチューよ。	오늘은 스튜야.

＊韓国語では女ことば・男ことばを区別しません。

＊오늘은 야채 조림이야.
（今日は野菜の煮ものよ）

□ 炊きたてごはんですよ。	막 지은 밥이에요.
□ たくさん食べてくださいね。	많이 드세요.
□ おかわりしてくださいね。	한 그릇 더 드세요.
□ 醤油を出してくれますか?	간장을 꺼내 줄래요?

＊드레싱을 꺼내 줄래요?
（ドレッシングを出してくれますか?）

＊마요네즈를 꺼내 줄래요?
（マヨネーズを出してくれますか?）

□ コーヒーを入れましょうか?	커피를 끓여 드릴까요?
□ お茶を入れますね。	차를 끓일게요.

☐ フルーツはいかがですか?	과일 드시겠어요? <small>クワイル トゥシゲッソヨ</small>
☐ 甘いものは別腹ですね。	단것 먹을 배는 따로 있어요. <small>タンゴッ モグル ペヌン ッタロ イッソヨ</small>
☐ 何かお手伝いしましょうか?	제가 도와 드릴까요? <small>チェガ トワ トゥリルッカヨ</small>
☐ お皿洗います。	접시를 씻어요. <small>チョプシルル ッシッソヨ</small>
☐ お皿を拭いてください。	접시를 닦아 주세요. <small>チョプシルル タッカ ジュセヨ</small> * 접시는 찬장에 정리해 주세요. <small>チョプシヌン チャンジャンエ チョンニヘ ジュセヨ</small> 　(お皿は食器棚にしまってください)
☐ テーブルの上を 　拭いてくれますか?	테이블 위를 닦아 줄래요? <small>テイブル ウィルル タッカ ジュルレヨ</small> * 접시를 놓아 줄래요? <small>チョプシルル ノア ジュルレヨ</small> 　(お皿を並べてくれますか?) * 젓가락을 놓아 줄래요? <small>チョッカラグル ノア ジュルレヨ</small> 　(お箸並べてくれますか?) * 반찬을 덜어 줄래요? <small>パンチャヌル トロ ジュルレヨ</small> 　(おかずを取り分けてくれますか?)
☐ 煮物を皿に 　あけてくれますか?	조림을 접시에 담아 주세요. <small>チョリムル チョプシエ タマ ジュセヨ</small>
☐ 弱火にしてくれますか?	불을 약하게 해 주실래요? <small>プルル ヤッカゲ ヘ ジュシルレヨ</small> * 생선이 구워졌는지 봐 주실래요? <small>センソンイ クウォジョンヌンジ ボァ ジュシルレヨ</small> 　(魚が焼けているか見てくれますか?)

お風呂に入る

- [ ] お風呂沸きましたよ。

목욕탕에 더운물 받았어요.

*韓国では浴槽に湯を張る習慣があまりなく、シャワーを使うほうが一般的です。

- [ ] シャワーだけでもいいよ。

샤워만으로 충분해.

- [ ] 先に入ってもいい？

먼저 들어가도 돼?

- [ ] シャンプーは新しいのをおろしてね。

샴푸는 새 걸로 준비해 줘.

- [ ] 石鹸が切れてるよ。

비누를 다 썼어.

- [ ] 風邪をひくといけないから早く髪を乾かしなさい。

감기에 걸리면 안 되니까 빨리 머리를 말려.

- [ ] 今、お父さんが入っているわ。

지금 아버지가 들어가 계세요.

- [ ] ぬるいから追い炊きしているわ。

목욕물이 미지근하니까 더운 물을 더 틀고 있어.

*韓国には、追い炊き機能の付いた風呂がほとんどありません。湯船の温度が下がった場合、熱いお湯を足すのが一般的です。

☐ お風呂は気持ちいい。	◈ 목욕은 기분이 좋아.

＊韓国語では「気持ちいい」を、「気分がいい」と表現します。

☐ 入浴剤を入れておいたよ。	◈ 입욕제를 넣어 두었어.
☐ ゆっくり肩までつかるのよ。	느긋하게 어깨까지 담가요.
☐ よく温まりなさい。	따뜻하게 해요.

寝る　　Disc1　34

☐ 目覚ましかけた?	◈ 자명종을 맞췄어?

＊알람시계 (アラーム時計)

☐ 明日は何時に起きるの?	◈ 내일은 몇 시에 일어나?
☐ 明日はゆっくり起きよう。	◈ 내일은 느긋하게 일어나자.
☐ 7時にセットしておいて。	◈ 7시에 맞춰 둬.
☐ 毎日6時半に起きます。	매일 6시 반에 일어나요.

- ☐ 毎日7時間は眠らないと だめです。

  매일 7시간은 자지 않으면 안 돼요.

- ☐ 電気消してくれる?

  ◈ 불을 꺼 줄래?

- ☐ クーラーのタイマーを かけておくね。

  ◈ 쿨러의 타이머를 맞춰 둘게.

  ＊ 에어컨(エアコン)

- ☐ 毛布をもう1枚出そうか?

  담요를 한 장 더 줄까?

- ☐ いびきがひどいんです。

  코 고는 소리가 심하거든요.

- ☐ 目がさえちゃって。

  ◈ 잠이 달아났어.

- ☐ 寝付けないなあ。

  ◈ 잠들 수가 없네.

- ☐ コーヒーを飲みすぎたかな?

  ◈ 커피를 너무 마셨나?

- ☐ 今日、昼寝をしたからかな?

  ◈ 오늘, 낮잠을 잤기 때문인가?

- ☐ 最近、蒸し暑くて寝苦しいよ。

  ◈ 요즘 무더워서 잠을 잘 수가 없어.

2 時・天候

때·기후

日付・時間　　　　　　　　　　　　　　　　　　　Disc1　35

□ 今日、何日だったっけ？
◆ 오늘, 며칠이었지?

□ 今日は3月3日です。
오늘은 3월 3일이에요.
＊ 오늘은 25일이에요. (今日は25日です)

□ 今、何時？
◆ 지금, 몇 시?

□ 今、9時半です。
지금, 9시 반이에요.
＊ 10시 5분 전이에요. (10時5分前です)

～時	시	～分	분
～ちょうど	정각	～半	반
～前	전	～後	후

□ いつ行くの？
◆ 언제 가?

□ 30分後に行きます。
◎ 30분 후에 갑니다.

☐ そろそろお昼の時間です。	**슬슬 점심때예요.**
	 ｽﾙｽﾙ ﾁｮﾑｼﾑｯﾃｴﾖ
	 * 점심때(お昼時)
	  ﾁｮﾑｼﾑｯﾃ
	 * 벌써 새벽 1시야. (もう夜中の1時だよ)
	  ﾎﾟﾙｯｿ ｾﾋﾞｮｸ ﾊﾝｼﾔ
	 * 아직도 5시가 아니네. (まだ5時にならないなあ)
	  ｱｼﾞｯﾄ ﾀｿｯｼｶﾞ ｱﾆﾈ

☐ 私の時計は 5分進んでいるんです。	**제 시계는 5분 빨라요.** ﾁｪ ｼｹﾞﾇﾝ ｵﾌﾞﾝ ｯﾊﾟﾙﾗﾖ * 빠르다(早い) ｯﾊﾟﾙﾀﾞ
☐ 時計を忘れてきちゃった。	◈ **시계를 놓고 왔어.** ｼｹﾞﾙﾙ ﾉｯｺ ﾜｯｿ * 놓고 오다(置いて来る) ﾉｯｺ ｵﾀﾞ

■ 月 / **월** (ｳｫﾙ)

1月	**일월** ｲﾛﾙ	7月	**칠월** ﾁﾛﾙ
2月	**이월** ｲｳｫﾙ	8月	**팔월** ﾊﾟﾛﾙ
3月	**삼월** ｻﾑｫﾙ	9月	**구월** ｸｳｫﾙ
4月	**사월** ｻｳｫﾙ	10月	**시월** ｼｳｫﾙ
5月	**오월** ｵｳｫﾙ	11月	**십일월** ｼﾋﾞﾛﾙ
6月	**유월** ﾕｳｫﾙ	12月	**십이월** ｼﾋﾞｳｫﾙ

＊ 6月と10月は漢数字のパッチムが取れます。

☐ いつの話?	◈언제 이야기지?
☐ 先週の話ですよ。	지난주의 이야기예요.
☐ 去年の誕生日のときの話ですよ。	작년 생일 때의 이야기예요.
☐ 1年前の話じゃ覚えていないよ。	◈1년 전 이야기는 까먹었어. * 까먹었어 (忘れちゃった)
☐ 今月末にオープンです。	◎이번 달 말에 오픈입니다.
☐ 今日は何曜日だったっけ?	◈오늘은 무슨 요일이었지?
☐ 今日はまだ木曜日です。	오늘은 아직 목요일이에요. * 내일은 일요일이에요. (明日は日曜日です)
☐ 時間がたつのはあっという間だね。	◈시간이 흐르는 것은 순식간이네. * 시간이 눈 깜짝할 사이에 지나가네. (時間は瞬く間に過ぎていくね) 눈 깜짝할 사이에 (瞬きする間に)

■ 日時

昨日	어제 (オジェ)	今日	오늘 (オヌル)	明日	내일 (ネイル)
一昨日	그저께 (クジョッケ)	今	지금 (チグム)	明後日	모레 (モレ)
朝	아침 (アッチム)	昼	낮 (ナッ)	夜	밤 (パム)

午前	오전 (オジョン)	午後	오후 (オフ)
夜明け	새벽 (セビョク)	夕方	저녁 (チョニョク)
さっき	아까 (アッカ)	少し前に	조금전에 (チョグムジョネ)
あとで	이따가 (イッタガ)	いつか	언젠가 (オンジェンガ)

■ 曜日 / 요일 (ヨイル)

月曜日	월요일 (ウォリョイル)	金曜日	금요일 (クミョイル)
火曜日	화요일 (ファヨイル)	土曜日	토요일 (トヨイル)
水曜日	수요일 (スヨイル)	日曜日	일요일 (イリョイル)
木曜日	목요일 (モギョイル)	一週間	일주일 (イルチュイル)

天気

☐ いい天気です。	◎ 좋은 날씨입니다.
☐ 雨が降っているよ。	◆ 비가 와.
☐ 明日の天気は？	◆ 내일 날씨는?

* 내일 날씨는 어때요?（明日の天気はどうですか？）
* 오후 날씨는?（午後の天気は？）
* 오전（午前）

☐ 天気予報見た？	◆ 일기예보 봤어?
☐ 晴れるって。	◆ 맑음이래.
☐ 天気予報が当たらないなあ。	◆ 일기예보가 안 맞아.
☐ 曇りだよ。	◆ 흐림이래.
☐ 雨が降るみたい。	◆ 비가 내린대.

雨	비	夕立・にわか雨	소나기
雷	천둥	梅雨	장마
台風	태풍	雪	눈

☐ 今日は午後から雨が降るらしい。	◈ 오늘은 오후부터 비가 온대. ＊ 오늘은 오후부터 비가 내린다고 합니다. （今日は午後から雨が降るそうです）	
☐ 夕方にわか雨が降るみたいです。	◈ 저녁에 조금 비가 온다는 것 같아.	
☐ 傘を持って行ったほうがいいみたいです。	◈ 우산을 갖고 가는 것이 좋을 것 같습니다. ＊ 天気予報などのニュースでは、全て합니다体が使われます。	
☐ 傘を持ってないなあ。	◈ 우산 안 갖고 있는데.	
☐ 雨が降る確率50%です。	◈ 비 올 확률 50프로입니다. ＊ 맑은 뒤에 비 올 것 같습니다. （晴れのち雨みたいです）	
☐ 強風波浪注意報が出ています。	◈ 강풍 파랑 주의보입니다. ＊ 황사주의보입니다.（黄砂注意報が出ています）	
☐ 台風が近づいています。	◈ 태풍이 다가오고 있습니다.	
☐ 秋の天気は変わりやすいからなあ。	◈ 가을 날씨는 잘 변하니까.	

気候

Disc 1 37

- [ ] 今日はぽかぽかした陽気ですね。

  오늘은 포근한 날씨네요.

- [ ] 日差しが強くなりましたね。

  햇살이 강해졌네요.

- [ ] 空が真っ青です。

  ◎ 하늘이 파랗습니다.

  * 푸릅니다. (青いです)

- [ ] 雲ひとつありません。

  ◎ 구름 한 점 없습니다.

- [ ] 今日は暑いですね。

  오늘은 덥네요.

  * 정말 무덥네요. (本当に蒸し暑いですね)

- [ ] じっとしているだけで暑いです。

  가만히 있어도 더워요.

- [ ] 今日は寒いですね。

  오늘은 춥네요.

- [ ] 今日は涼しいですね。

  오늘은 시원하네요.

- [ ] 朝晩は涼しくなりましたね。

  아침저녁은 시원해졌네요.

  * 아침저녁으로 쌀쌀하네요. (朝晩と冷えますね)

□ 暖房の温度を もっと上げてもらえますか？	난방기 온도를 좀 더 올려 주실래요? * 쿨러의 온도를 좀 더 내려 주실래요? 　(クーラーの温度をもっと下げてもらえますか?) * 에어컨(エアコン)	
□ 今日の最高気温は 37度ですって。	오늘 최고기온은 37도래요. * 오늘 최저기온은 5도래요. 　(今日の最低気温は5度ですって)	
□ 涼しい夏ですね。	시원한 여름이네요.	
□ 暖かい冬ですね。	따뜻한 겨울이네요.	

■ 四季 / 사계절 (サケジョル)

春	봄	秋	가을
夏	여름	冬	겨울

3 電話

전화

電話をかける　Disc 1　38

□ もしもし。
여보세요.

□ もしもし、ユジン?
여보세요, 유진이니?

□ 高木さんのお宅でしょうか？
다카기 씨 댁입니까?
* 다카기 씨의 댁인가요? でも同じ意味。
집(家)　댁(お宅)

□ 真紀さんをお願いします。
마키 씨 부탁해요.

□ 山本と申しますが、李リナさんいらっしゃいますか？
야마모토라고 합니다.
이리나 씨 계신가요?

□ 夜遅くにすみません。ユジンさんいらっしゃいますか？
밤늦게 죄송합니다.
유진 씨 계십니까?

□ パク課長さんいらっしゃいますか？
박 과장님 계십니까?

□ システム部のパク課長を
お願いします。

◎ 시스템부의 박 과장님을 부탁합니다.

* 부탁드립니다. (お願いいたします)

부탁해요. (お願いします)は、若干カジュアルな語尾なので、ビジネスで初めて電話をかけるときには使わないほうがいいでしょう。

□ もしもし。村田商事の中居といいますが、営業のイサンギュさんいらっしゃいますか？

◎ 여보세요. 무라타상사의 나카이라고 합니다만, 영업부의 이상규 씨 계십니까?

* 영업부(営業部)

계신가요? (いらっしゃいますか？)の語尾も可。

□ いつもお世話になっております。豊田電機の佐藤です。

◎ 항상 많은 도움을 받고 있습니다. 도요타전기의 사토우입니다.

* 韓国では、ビジネスでも知った間柄であれば、
안녕하세요? (こんにちは)を使うことが多いです。

□ 今、お話ししても大丈夫ですか？

◎ 지금, 전화해도 괜찮으세요?

* 지금, 한가해? (今、暇？)

社交編

日常生活編

外出編

冠婚葬祭編

旅行編

感情表現編

☐ 何時ごろお戻りですか?	◎ 몇 시쯤에 돌아오십니까? ＊ 돌아오세요? (戻りますか?) 　하세요? (しますか?)
☐ 何時ごろ出社されますか?	◎ 몇 시쯤에 출근하십니까?
☐ では、結構です。	◎ 그럼, 괜찮습니다. ＊ 그럼, 됐습니다.でも同じ意味になります。
☐ いえ。結構です。 　1時過ぎにかけなおします。	◎ 아니요. 괜찮습니다. 　1시 지나서 다시 　전화하겠습니다.
☐ それではまた 　連絡いたします。	◎ 그럼 또 연락드리겠습니다.
☐ また、後ほどかけなおします。	◎ 나중에 다시 전화하겠습니다. ＊ 다시 전화할게요. (また電話します) 　그럼 나중에 다시 전화할게. 　(じゃ、また後で電話する)
☐ また、お電話いたします。	◎ 다시 전화 드리겠습니다.

☐ 本田建設の大田から電話があったと伝えていただけますか？	◎ 혼다건설의 오오타로부터 전화가 있었다고 전해 주시겠습니까?
☐ 私の携帯に電話をくれるようにお伝えください。	제 핸드폰으로 전화 달라고 전해 주세요.
☐ 話せてよかった。	◎ 말할 수 있어서 다행이야.
☐ 切るよ。	◎ 끊을게.
☐ それでは失礼いたします。	◎ 그럼 이만 실례하겠습니다.
☐ ではまた。	◎ 그럼 안녕.

電話に出る

- [ ] はい、私です。　　네, 저예요.
- [ ] 私だよ。　　나야.
- [ ] どちら様ですか？　　누구 신가요?
- [ ] 今、ちょっと忙しい。　　지금 조금 바빠.
- [ ] メールして。　　문자로 보내.
- [ ] うん。そうして。　　응, 그렇게 해.
  * 그래. (そうね・そうだね)
- [ ] はい。おつなぎします。少々お待ちください。　　네. 바꿔 드리겠습니다. 잠시 기다려 주십시오.
  * 연결해 드리겠습니다. (つないで差し上げます)
  * 잠시 기다려 주세요. (少々お待ちください)
- [ ] 娘に代わります。　　딸을 바꿔 드릴게요.

□ ヘギョンは、今いません。

혜경이는 지금 없어요.

＊名前の最後にパッチムがある場合は助詞の前に、이をつけます。ただし苗字の場合にはつけません。

□ ただいま外出中です。

◎ 지금 외출 중입니다.

□ ミンギョンは、入浴中です。

민경이는 목욕 중이에요.

□ お急ぎですか？

◎ 급한 일이십니까?

□ こちらからお電話差し上げましょうか？

◎ 이쪽에서 전화 드릴까요?

＊ 돌아오면 전화 드리라고 전할까요?
（戻ったら電話を差し上げるように伝えましょうか？）

□ ミンギョンに電話するように伝えましょうか？

◎ 민경이에게 전화하라고 전할까요?

□ 折り返し電話するように伝えます。

◎ 오는 대로 전화 드리라고 전하겠습니다.

＊ 오는 즉시（来たらすぐ）

社交編

日常生活編

外出編

冠婚葬祭編

旅行編

感情表現編

☐ 10分後にまたお電話いただけますか？	◎ 10분 후에 다시 전화 주시겠습니까?
☐ お電話ありがとうございました。	◎ 전화 주셔서 감사합니다.
☐ 何度もお電話いただきありがとうございます。	◎ 몇 번이나 전화 주셔서 감사합니다.

間違い電話　　Disc1　40

☐ ユン・ヘギョンさんのお宅ではありませんか？	◎ 윤혜경 씨 댁이 아닙니까? ＊ 아닌가요?（じゃありませんか？）
☐ 違います。	◎ 아닙니다. ＊ 아니에요.でも同じ意味になります。
☐ すみません。間違えました。	◎ 죄송합니다. 잘못 걸었습니다.
☐ こちらにはそういう人はおりませんが。	여기에는 그런 사람이 없는데요.

□ 何番におかけですか?	◎ 몇 번으로 거셨습니까?
	* 거셨나요? (かけましたか?)

□ 番号を確認させて いただいてもいいですか?	◎ 번호를 확인해 주시겠습니까?

□ そちらは02-4535-8932 ではありませんか?	◎ 거기는 02-4535-8932 가 아닙니까? * 아닌가요? (じゃないんですか?)

□ 02-5523-6784 じゃありませんか?	◎ 02-5523-6784 가 아닙니까?

□ 番号は合っていますが、 うちではありません。	◎ 번호는 맞지만 잘못 거신 것 같습니다. * 잘못 걸다 (間違ってかける)

103

電話のトラブル

Disc1 41

- [ ] ゆっくり話してください。

  천천히 말씀해 주세요.

  ＊対面しているときにも使える表現です。

- [ ] 話し中みたい。

  통화 중인 것 같아.

- [ ] この番号は現在使われておりません。

  이 번호는 현재 사용하고 있지 않습니다.

- [ ] またいたずら電話だ。

  또 장난전화야.

  ＊장난에는「いたずら」や「悪ふざけ」「戯れ」などの意味があり、「オモチャ」のことを장난감といいます。

- [ ] 電波がよく通らないみたいです。

  전파가 잘 통하지 않는 것 같습니다.

  ＊カジュアルな語尾 같아요.を続けても同じ意味です。

- [ ] 圏外でつながらないよ。

  통화권 밖이라서 연결되지 않아.

電話が遠いようですが。	전화가 잘 안 들리는데요.
周りが騒がしくてよく聞こえません。	◈주위가 시끄러워서 잘 들리지 않습니다.
もうすぐ電池が切れちゃうよ。	곧 배터리가 나갈 거야. * 나가버릴 거야. (バッテリーが切れそうだよ) 通話中などにバッテリーが切れそうなときの表現。 ㅏ／ㅓ 버리다 (〜(し)てしまう)
電話料金の支払いを忘れて止められてるんだ。	◈전화비를 깜빡 잊고 안 내서 끊겨 버렸어.
海外でも使える携帯が欲しいな。	◈해외에서도 사용할 수 있는 핸드폰이 갖고 싶어. * 갖고 싶다 (欲しい)
空港でレンタル携帯を借りられるよ。	◈공항에서 렌털 핸드폰을 빌릴 수 있어.

留守番電話

- キム・ミヒです。
  ただいま外出しております。

  ◎ 김미희입니다.
  지금 외출 중입니다.

  * 지금 운전 중입니다. (ただいま運転中です)

- ピーっと鳴ったら、
  メッセージをどうぞ。

  삐 소리가 나면
  메시지를 남겨 주세요.

- ファクシミリの方はそのまま
  送信ボタンを押してください。

  ◎ 팩스를 이용하실 분은
  송신 버튼을 눌러 주십시오.

- ただいま、電話を転送して
  います。そのままお待ち
  ください。

  ◎ 지금, 전화를 전송처에
  연결하고 있습니다.
  잠시 기다려 주세요.

- 田村です。また電話します。

  ◎ 타무라입니다.
  다시 전화하겠습니다.

  * 할게요. (しますね)

  * 오오타입니다. 돌아오시면 전화 주세요.
  (大田です。お戻りになりましたらお電話ください)

| 携帯メール | Disc1 43 |

☐ メアド交換しよう。

◆ 폰 번호 교환하자.
<small>ポン　ボノ　キョファナジャ</small>

＊韓国での携帯メールはSMSだけで、メールのやり取りをするためのWEB用メールアドレスはありません。

폰 英語のphoneが基になっています。
<small>ポン</small>

☐ 赤外線使える?

◆ 적외선 돼?
<small>チョゲソン　テ</small>

＊가능해?(使える?)
<small>カヌンヘ</small>

가능(可能)
<small>カヌン</small>

☐ 写メール送ってくれる?

◆ 사진 보내 줄래?
<small>サジン　ポネ　ジュルレ</small>

☐ デコメールかわいい。

◆ 이모티콘 귀엽다.
<small>イモティコン　キィヨプタ</small>

107

4 パソコン・メール

컴퓨터・전자 메일 이 메일

日常でのやりとり　　　　　　　　　　　　　Disc1 44

- メールアドレスを教えてください。

  ◎ 메일 주소를 가르쳐 주십시오.

- パソコンのほうにメールを送っておくね。

  ◎ 컴퓨터로 메일을 보내 놓을게.

- 時間と場所はメールで知らせるね。

  ◈ 시간과 장소는 메일로 알려 줄게.

- 来週の会議の内容についてメールをしておいてください。

  다음 주 회의의 내용에 관해 메일을 보내 놔 주세요.

- メールを送ったのですが、見ていただけましたか？

  ◎ 메일을 보내 드렸는데, 보셨습니까?

  * 확인하셨습니까? (確認なさいましたか？)

- まだ、メールチェックをしていません。

  ◎ 아직, 메일체크를 하지 않았습니다.

□ メールの返事は 　まだ来ていません。	◎ 메일의 답장은 아직 　오지 않았습니다.
□ 返事が遅れてすみません。	◎ 답장이 늦어서 죄송합니다.
□ すぐに返事をもらえますか？	바로 답장을 받을 수 있을까요? * 바로 답장을 해 주실 수 있으세요? 　（すぐに返事をしてくださいますか？）
□ 至急メールを送ります。	◎ 서둘러 메일을 보내겠습니다.
□ ファイルを添付しておいたので 　見てください。	파일을 첨부해 두었으니까 봐 주세요.
□ 旅行の写真を添付するね。	◈ 여행 때 사진을 첨부할게. * 지도를 첨부해 뒀어.（地図を添付しておいたよ）
□ メールを転送します。	◎ 메일을 전송 하겠습니다. * 할게요.（しますね）
□ ＢＣＣにて送信します。	◎ ＢＣＣ로 송신 하겠습니다.

社交編

日常生活編

外出編

冠婚葬祭編

旅行編

感情表現編

- ☐ メーリングリストから送ってください。
  - ◎ 메일 리스트에서 보내 주십시오.

- ☐ 明日の飲み会の場所を決めているんだ。
  - ◆ 내일 모임의 장소를 정하고 있어.

- ☐ ホームページの更新をしました。
  - 홈페이지의 갱신을 했어요.
  - ＊ 블로그의 갱신을 하고 있어요.
  （ブログの更新をしています）

- ☐ 写真をアップしているんだ。
  - ◆ 사진을 올리고 있어.

- ☐ 画像をダウンロードしています。
  - 화상을 다운로드하고 있어요.
  - ＊ 화상(画像) 동영상(動画)

パソコン・メールのトラブル　Disc1　45

- ☐ メールが戻ってきてしまいます。
  - ◎ 메일이 반송되었습니다.
  - ＊ 메일이 돌아와 버려.（メールが戻ってきちゃう）

- ☐ アドレスを間違えていませんか?
  - 주소가 틀린 게 아니에요?

□ もう一度、ファイルを送っていただけますか?	◎ 다시 한 번 파일을 보내 주실 수 있으세요?	
□ 添付ファイルが開けません。	첨부 파일이 열리지 않아요.	
□ 文字化けします。	글자가 깨졌어요.	
□ パソコンの調子が悪いんだ。	◎ 컴퓨터의 상태가 나빠.	
□ スパムメールが多くて困っています。	◎ 스팸메일이 많아서 곤란합니다.	
□ ウイルスソフトを入れていますか?	◎ 백신 소프트를 깔아 두었습니까?	
□ ウイルススキャンしています。	◎ 바이러스 검사를 하고 있습니다.	
□ 定期的にアップグレードしていますか?	◎ 정기적으로 업그레이드하고 있습니까?	
□ 社内では私用メールは禁止されています。	◎ 사내에서 사적인 메일은 금지되어 있습니다.	

Column

ハングルのキーボード入力

韓国語はローマ字のように子音と母音の組み合わせでできているので、キーボードでの入力もローマ字入力の要領で入力ができます。

하の入力

① Gを押す→ㅎが入力される。
② Kを押す→ㅏが入力され、하が入力されます。

한の入力

① 左の要領で하を入力する。
② Sのキーを押し、하の下のパッチムㄴを入力する。
③ 次に続く文字の子音を入力する。
→正しい位置にパッチムㄴが表示されます。

濃音
平音
鼻音・流音
激音

子音　母音

＊濃音の入力はShiftを押しながら平音を押します。
＊色字部分の入力はShiftキーを押しながら押します。

5 病気・怪我

병 · 상처

症状を伝える　Disc1　46

食欲がありません。	식욕이 없어요. * 식욕이 있어요.（食欲はあります）
ほとんど食べていません。	거의 먹지 않고 있어요.
水分しか取っていません。	수분밖에 섭취하지 않아요.
吐き気がします。	토할 것 같아요.
食べると戻してしまいます。	먹으면 토해 버려요.
下痢をしました。	설사가 났어요.
お腹が痛いです。	배가 아파요. * 목이 아파요.（のどが痛いです）
ひどい頭痛です。	심한 두통이에요.

社交編 / 日常生活編 / 外出編 / 冠婚葬祭編 / 旅行編 / 感情表現編

113

☐ 目が痒くてしかたありません。	눈이 가려워서 미치겠어요.
☐ 手がしびれています。	손이 저려요.

■ 体 / 몸 (モム)

顔	얼굴		頭	머리
髪の毛	머리카락		ひたい	이마
目	눈		鼻	코
眉毛	눈썹		まつげ	속눈썹
耳	귀		首/のど	목
口	입		あご	턱
舌	혀		歯	이
胸	가슴		腹	배
背中	등		腕	팔
ひじ	팔꿈치		手	손
指	손가락		爪	손톱
腰	허리		尻	엉덩이
脚	다리		足	발
膝	무릎		かかと	뒤꿈치

□ 微熱が続いています。	ミヨリ ケソッテゴ イッソヨ 미열이 계속되고 있어요.
□ 熱が38度あります。	ヨリ サムシプパルド イッソヨ 열이 38도 있어요.
□ 風邪を引いたみたいです。	カムギエ コルリン ゴッ カッタヨ 감기에 걸린 것 같아요. インプルルエンジャエ コルリョンヌンジド モルラヨ ＊인플루엔자에 걸렸는지도 몰라요. （インフルエンザにかかったかもしれません）
□ 咳が出ます。	キッチミ ナワヨ 기침이 나와요.
□ 2日前から咳が出ています。	イイル ジョンブト キッチミ ナオゴ イッソヨ 2일 전부터 기침이 나오고 있어요. イトゥル ＊이틀(2日)
□ 咳がひどくて眠れません。	キッチミ シメソ チャル ス ガ オプソヨ 기침이 심해서 잘 수가 없어요.
□ くしゃみが止まりません。	チェジェギガ モムチュジ アナヨ 재채기가 멈추지 않아요.
□ 鼻血が止まりません。	コピガ モムチュジ アナヨ 코피가 멈추지 않아요. ピガ モムチュジ アナヨ ＊피가 멈추지 않아요. （血が止まりません）

□ やけどをしました。	화상을 입었어요. _{ファサンウル イボッソヨ}
□ 体中痛くて仕方ありません。	온몸이 아파서 참을 수 없어요. _{オンモミ アッパソ チャムル ス オプソヨ}
□ 骨が折れているみたいです。	뼈가 부러진 것 같아요. _{ッピョガ プロジン ゴッ カッタヨ} ＊ 관절을 삔 것 같아요.（捻挫したみたいです） _{クヮンジョルル ッピン ゴッ カッタヨ}
□ ものもらいができたみたいです。	다래끼가 생긴 것 같아요. _{タレッキガ センギン ゴッ カッタヨ}
□ じんましんが出ています。	두드러기가 났어요. _{トゥドゥロギガ ナッソヨ} ＊ 종기（おでき） _{チョンギ}

病院を探す・救急車を呼ぶ　　Disc 1　47

□ 病院に連れて行ってください。	병원에 데려가 주세요. _{ピョンウォネ テリョガ ジュセヨ}
□ 救急車を呼んでください。	구급차를 불러 주세요. _{クグプチャルル プルロ ジュセヨ}
□ 診察の受付窓口はどこですか？	진찰 접수창구는 어디예요? _{チンチャル チョプスチャングヌン オディエヨ}
□ 体温を計ってください。	체온을 재어 주세요. _{チェオヌル チェオ ジュセヨ}

診察を受ける　　　Disc1　48

- 保険証はありますか？
  ◎ 보험증은 있습니까?

- 保険証はありません。
  보험증은 없어요.

- 診断書を書いてください。
  진단서를 써 주세요.

- 初診です。
  초진이에요.
  * 처음 진단받습니다.
  （初めて診断を受けます）

- 診察券を忘れて
  しまいました。
  진단권을 잊어 버렸어요.

- いつから具合が
  悪いのですか？
  ◎ 언제부터 상태가
  안 좋으셨습니까?

- 精密検査を受けたことが
  ありますか？
  ◎ 정밀검사를 받은 적이
  있습니까?

- 食欲はありますか？
  ◎ 식욕은 있습니까?

- 喉を見ましょう。
  ◎ 목 안을 봅시다.
  * 아- 해 보세요. (アーってしてください)

☐ 血圧を測りましょう。	◎ 혈압을 재어 봅시다.
☐ 台の上に横に なってください。	침대 위에 누워 보세요.
☐ アレルギーはありますか?	◎ 알레르기가 있습니까?
☐ 花粉症です。	◎ 화분증입니다. 꽃가루 알레르기입니다.
☐ 風邪ですね。	◎ 감기입니다.
☐ ただの便秘です。	◎ 그냥 변비입니다.
☐ 消化のよいものを食べて よく眠ってください。	소화가 잘 되는 것을 먹고 수면을 충분히 취해 주세요.
☐ 熱が下がったら 会社に行ってもいいですよ。	◎ 열이 내렸으니 출근하셔도 됩니다.
☐ 2週間後にまた 受診してください。	◎ 이주일 후에 다시 진찰 받으러 오세요.

歯医者での会話　　　　　　　　　　　　Disc1　49

- [ ] 歯が痛いんです。　　이가 아파요.
- [ ] 詰め物が取れてしまいました。　　이 때운 것이 떨어져 버렸어요.
- [ ] 奥歯です。　　어금니예요.
- [ ] 歯茎から血が出ます。　　잇몸에서 피가 나와요.
- [ ] 歯がぐらぐらしています。　　이가 흔들 흔들거려요.
- [ ] 入れ歯が壊れてしまいました。　　틀니가 망가져 버렸어요.

薬局での会話　　　　　　　　　　　　Disc1　50

- [ ] 3日分出します。　　◎3일분 드리겠습니다.
- [ ] 錠剤は1錠ずつ飲んでください。　　◎알약은 1알씩 드십시오.
- [ ] 食後に飲んでください。　　◎식후에 드십시오.
- [ ] 食間に飲んでください。　　◎식후 2시간 정도 지난 공복에 드십시오.

☐ 咳止めシロップは寝る前に飲んでください。	◎ 기침약 시럽은 자기 전에 드십시오. _{キッチムヤク シロブン チャギ ジョネ トゥシプシオ}	
☐ バンドエイドありますか？	대일밴드 있어요? _{テイルベンドゥ イッソヨ}	
☐ 虫さされの薬をください。	벌레한테 쏘였을 때 바르는 약을 주세요. _{ボルレハンテ ツソヨッスル ッテ バルヌン ヤグル ジュセヨ}	
☐ かゆみ止めをください。	가려운데 바르는 약을 주세요. _{カリョウンデ バルヌン ヤグル ジュセヨ} ＊ 바르는 약(塗り薬) _{バルヌン ヤク} 　먹는 약(飲み薬) _{モンヌン ヤク}	
☐ 咳止めをください。	기침약을 주세요. _{キッチムヤグル ジュセヨ}	

■ 薬

栄養ドリンク	피로회복제 _{ピロフェボクジェ}	目薬	안약 _{アニャク}
湿布	습포 _{スプポ}	睡眠導入剤	수면유도제 _{スミョンユドジェ}
頭痛薬	두통약 _{トゥトンヤク}	鎮痛剤	진통제 _{チントンジェ}
風邪薬	감기약 _{カムギヤク}	下痢止め	설사약 _{ソルサヤク}
胃腸薬	위장약 _{ウィジャンヤク}	便秘薬	변비약 _{ピョンビヤク}
塗り薬	바르는 약 _{バルヌンヤク}	飲み薬	먹는 약 _{モンヌンヤク}

6 警察への届け

경찰에 신고

盗難　　Disc1　51

□ 何を盗まれましたか？
무엇을 도둑맞으셨나요?
(ムオスル トドゥクマジュショッンナヨ)

□ パスポートを盗まれました。
여권을 도둑맞았어요.
(ヨクォヌル トドゥクマジャッソヨ)

□ 部屋においてあったパソコンを盗まれました。
방에 있던 컴퓨터를 도둑맞았어요.
(パンエ イットン コムピュトルル トドゥクマジャッソヨ)

□ 所持金がありません。
소지금이 없어요.
(ソジクミ オプソヨ)

□ 日本大使館に連絡してください。
일본대사관에 연락해 주세요.
(イルボンテサクヮネ ヨルラッケ ジュセヨ)

□ どこで盗まれましたか？
어디서 도둑맞았어요?
(オディソ トドゥクマジャッソヨ)

□ ホテルのロビーで盗まれました。
호텔 로비에서 도둑맞았어요.
(ホテル ロビエソ トドゥクマジャッソヨ)

＊ 역의 홈에서 (駅のホームで)
(ヨゲ ホメソ)

社交編 / 日常生活編 / 外出編 / 冠婚葬祭編 / 旅行編 / 感情表現編

□ デパートのトイレで。	백화점 화장실에서.
□ 市場を歩いているときに。	시장에서 걷고 있을 때에.
□ 空港のロビーで目を離した隙に。	공항 로비에서 잠깐 한눈판 사이에.
□ 喫茶店でトイレにいっている隙に。	찻집에서 화장실에 간 사이에.
□ どこで盗まれたのか分かりません。	◎ 어디서 도둑맞았는지 모르겠습니다.

財布	지갑
かばん	가방
現金だけ	현금만
クレジットカード	신용카드
航空券	항공권
アクセサリー	액세서리
カメラ	카메라
ビデオカメラ	비디오 카메라

☐ 犯人について覚えていますか？	범인을 기억하세요?
☐ 黒い服を着ていました。	검은 옷을 입고 있었어요.
☐ 身長は180センチくらいでした。	키는 180센티 정도였어요.
☐ サングラスをかけていました。	선글라스를 끼고 있었어요.
☐ あちらの方向に逃げていきました。	저쪽으로 도망갔어요.
☐ よく覚えていません。	잘 기억이 안 나요.
☐ 被害届に記入してください。	피해신고서에 기재해 주세요.
☐ 戻ってくる可能性はありますか？	다시 돌아올 가능성은 있어요?

紛失

Disc1 52

☐ ここに買い物袋が置いてありませんでしたか?
◎ 여기에 쇼핑백이 놓여 있지 않았습니까?

☐ 傘を電車の中に置いてきちゃった。
우산을 전철 안에 두고 와버렸어요.

* 서류를 버스 안에 놓고 와버렸어요….
（書類をバスの中に忘れてしまいました…）
* 지금, 내린 전철 안에 서류를 놓고 와 버렸는데요.
（今、降りた電車の中に書類を忘れてしまったんですが）
* 지금 막산 쇼핑백을 식당에 놓고 와버렸다.
（買ったばかりの買い物袋を、食堂に置いてきちゃった）

☐ 忘れ物センターはどこですか?
분실물 보관 센터는 어디예요?

☐ 何を失くされたんですか?
무엇을 잃어버리셨나요?

☐ 携帯を失くしてしまいました。
핸드폰을 잃어버렸어요.

* 호텔 열쇠（ホテルの鍵）

☐ 3両目あたりに乗っていました。
세 번째 차량에 타고 있었어요.

Chapter

3

外 出 編

グルメからショッピング、映画やスポーツまで、
韓国人の友人と出かけるときなどに役立つ
フレーズを集めています。まずは自分の
レジャースタイルに合ったものから身につけ、
シーンに合わせて活用してみてください。

1 家を訪問する

집을 방문

訪ねる　　　　　　　　　　　　　　　　　Disc1　53

- [ ] ごめんください。

  ◎ 실례합니다.
  シルレハムニダ

- [ ] 今日はお招き
  ありがとうございました。

  ◎ 오늘은 초대해 주셔서
  オヌルン　チョデヘ　ジュショソ
  고맙습니다.
  コマプスムニダ

- [ ] 駅から近いんですね。

  역에서 가깝네요.
  ヨゲソ　カッカムネヨ

- [ ] 静かな街ですね。

  조용한 동네네요.
  チョヨンハン　トンネネヨ

- [ ] 家の前に車を止めてしまい
  ましたが大丈夫ですか?

  집앞에 차를 세워 뒀는데
  チバッペ　チャルル　セウォ　トゥオンヌンデ
  괜찮아요?
  ケンチャナヨ

- [ ] すてきな部屋ですね。

  멋진 방이네요.
  モッチン　バンイネヨ

- [ ] すてきな絵が
  飾ってありますね。

  멋진 그림이 걸려 있네요.
  モッチン　クリミ　コルリョ　インネヨ

出迎える　　　　　　　　　　　　　　　Disc1 54

- [ ] いらっしゃいませ。

  어서 오세요.

- [ ] どうぞお入りください。

  어서 들어오세요.

- [ ] わざわざ来てくださって
  ありがとうございました。

  ◎ 일부러 와주셔서 고맙습니다.

- [ ] 道がすぐにわかりましたか?

  길은 금방 찾으셨어요?

- [ ] 外は暑かったでしょう?

  밖은 더웠죠?

- [ ] コートをお預かりします。

  코트 주세요.

- [ ] そちらのソファに
  どうぞお掛けください。

  저쪽 소파에 편하게 앉으세요.

おもてなし

- どうぞ、くつろいでください。
  편하게 있으세요.

- 遠慮しないでくださいね。
  사양하지 마세요.

- どうぞ、召し上がってください。
  많이 드세요.

- お茶をどうぞ。
  차 드세요.

- お酒は何が好きですか?
  술은 어떤 것을 좋아하세요?

- じゃあ、そろそろ始めましょうか?
  자 슬슬 시작할까요?

- これ、お土産です。
  이거 선물이에요.

- お口に合うか分かりませんが・・・どうぞ。
  입맛에 맞으실지 모르겠지만…
  드셔 보세요.

  * 별거 아니지만. (つまらないものですが)

- 免税店で買ってきました。
  면세점에서 사왔어요.

- ワインを買ってきました。
  ◎ 와인을 사 왔습니다.

□ すごく豪華ですね。	굉장히 진수성찬이네요.
□ 何かお手伝いすることはありませんか？	뭔가 도울 일 없어요?
□ 飲み物を買ってきましょうか？	음료수를 사올까요?
□ 全部、奥さんが作ったんですか？	◎ 전부 부인께서 만드셨습니까?
□ 奥さんは、料理上手ですね。	부인께서 요리를 잘하시네요.
□ これ、どうやって作るんですか？	이거 어떻게 만들어요?
□ 簡単ですよ。	간단해요.
□ 母からの直伝です。	어머니로부터 전수받았어요. ＊ 전수（伝授）
□ キムチも自分で漬けるんですか？	김치도 직접 담그세요?
□ 色々な種類のキムチがあるんですよ。	여러 가지 종류의 김치가 있어요.

お見送り　　　　　　　　　　　　　　　　　　　　　Disc1　56

- [ ] そろそろおいとまします。
  ◎ 슬슬 물러가겠습니다.

- [ ] 時間がたつのは
  あっという間ですね。
  시간이 지나가는 게 눈 깜짝할 사이네요.

- [ ] とても楽しかったです。
  ◎ 정말 즐거웠습니다.

- [ ] 片付けを手伝えなくて
  すみません。
  뒷정리를 못 도와드려서 죄송합니다.

- [ ] 今度はぜひうちに
  来てください。
  다음에는 꼭 저희 집에 와 주세요.

- [ ] もっとゆっくりしていって
  ください。
  더 느긋하게 있다 가세요.

  * 디저트도 먹고 가세요.
  （デザートを食べていってください）

- [ ] お土産をどうもありがとう
  ございました。
  ◎ 선물 감사합니다.

- [ ] 今日は来てくれてありがとう。
  ◎ 오늘 와줘서 고마워.

- [ ] 駅まで送ります。
  역까지 배웅할게요.

2 外食を楽しむ

외식

行く店を決める　　　　　　　　　　　　　　Disc1　57

☐ 晩ごはんはどこに
しましょうか？

_{チョニョグン　　オディソ　　モグルッカヨ}
저녁은 어디서 먹을까요?

☐ 晩ごはんは何に
しましょうか？

_{チョニョグン　　ムォロ　　ハルッカヨ}
저녁은 뭐로 할까요?

☐ 豚足の専門店に
行ってみたいです。

_{チョクパル　ジョンムンジョメ　カ　ポゴ　シッポヨ}
족발 전문점에 가 보고 싶어요.
_{モゴ　ポゴ　シッポヨ}
＊먹어 보고 싶어요. (食べてみたいです)

☐ 海鮮鍋のおいしいお店を
知っていますか？

_{ヘムルジョンゴリ　　マシンヌン　　カゲルル}
해물전골이 맛있는 가게를
_{アルゴ　イッソヨ}
알고 있어요?

☐ この近くにお勧めの
食堂はありますか？

_{イ　クンチョエ　チュチョナル　マナン}
이 근처에 추천할 만한
_{シクタン　イッソヨ}
식당 있어요?

☐ 何か食べたいものは
ありますか？

_{ムォ　トゥッキ　モッコ　シップン　ゴスン}
뭐 특히 먹고 싶은 것은
_{オプスセヨ}
없으세요?

_{トゥッキ}
＊특히 (特に)

☐ 冷麺が食べたい。	◈ 냉면 먹고 싶어.
☐ 肉が食べたいな。	◈ 고기 먹고 싶어.
☐ 安くておいしい店に行きたい。	◈ 싸고 맛있는 가게에 가고 싶어.
☐ 雰囲気のいいレストランがありますよ。	분위기 좋은 레스토랑이 있어요.
☐ 海産物専門店に行きましょう。	해산물 전문점에 가요.
☐ スパゲッティーのお店に行きますか?	스파게티 가게에 갈래요?
☐ 何が好きですか?	뭐가 좋으세요? * 뭘 좋아하세요? (何をお好きですか?) * 이/가 좋다 (〜が好き) 　을/를 좋아하다 (〜を好む) *「食べ物について」(P.227)も参考にしてください。
☐ ホテルの韓式レストランを予約しておきました。	◈ 호텔의 한식 레스토랑을 예약해 놓았습니다. * 韓国のたいていの飲食店では、予約の必要はありません。

店に入る

- [ ] 7時に予約したんですが。
  7시에 예약했는데요.

- [ ] いらっしゃいませ。
  お2人ですか?
  어서 오세요.
  두 분이세요?

- [ ] 喫煙席にしますか?
  禁煙席にしますか?
  흡연석으로 하시겠어요?
  금연석으로 하시겠어요?

- [ ] カウンター席で
  よろしいですか?
  카운터자리로 괜찮으세요?

- [ ] 窓際の席がいいです。
  창가 쪽 자리가 좋아요.
  * 안쪽 자리 (奥の席)
  카운터자리 (カウンター席)

- [ ] ソファー席はありますか?
  소파자리가 있나요?
  * 있습니까? (ありますか?)

注文する

- [ ] ご注文はお決まりですか？
주문은 정하셨나요?

* 주문은 뭐로 하시겠어요? (ご注文は？)

- [ ] お飲み物は何にいたしますか？
마실 거는 무엇으로 하시겠어요?

- [ ] 生ビールがいいですか？
瓶ビールがいいですか？
생맥주가 좋으세요?
병맥주가 좋으세요?

- [ ] おつまみは何がいいですか？
안주는 뭐가 좋으세요?

* 안주 (つまみ)

- [ ] もう少し待ってください。
◎ 조금만 더 기다려 주십시오.

- [ ] これ、ください。
이거 주세요.

* 이걸로 하겠어요. (これにします)

- [ ] 1皿どれくらいありますか？
한 접시에 어느 정도 들어 있어요?

□ 1つだけください。 　　　한 개만 주세요.

□ 2人前ください。 　　　이 인분 주세요.

＊ 삼 인분(3人前)

□ とりあえずビールください。 　　　우선 맥주 주세요.

□ お待ちどうさまでした。 　　◎ 오래 기다리셨습니다.

＊ 맛있게 드세요.(美味しく召し上がってください)

韓国の食堂では注文したものが運ばれてくるとき、この一言をかけるのが一般的です。

■ 飲み物

コーヒー	커피	ドリップコーヒー	원두
牛乳	우유	ジュース	주스
紅茶	홍차	緑茶	녹차
麦茶	보리차	とうもろこし茶	옥수수차
伝統茶	전통차	酒	술
ビール	맥주	焼酎	소주
ウイスキー	위스키	ワイン	와인
どぶろく	막걸리	つまみ	안주

■ 食べ物

日本語	ハングル	日本語	ハングル
ビビンパ	ピビムパプ **비빔밥**	カルビタン	カルビタン **갈비탕**
キムチチゲ	キムチッチゲ **김치찌개**	豆腐チゲ	トゥブッチゲ **두부찌개**
味噌チゲ	テンジャンッチゲ **된장찌개**	おぼろ豆腐のチゲ	スンドゥブ **순두부**
冷麺	ネンミョン **냉면**	水冷麺	ムルレンミョン **물냉면**
辛い冷麺	ピビムネンミョン **비빔냉면**	ジャージャー麺	チャジャンミョン **자장면**
雪濃湯	ソルロンタン **설렁탕**	餃子スープ	マンドゥクッ **만두국**
餃子	マンドゥ **만두**	甘辛餅	ットックポッキ **떡볶이**
おでん	オデン **오뎅**	のり巻き	キムパプ **김밥**
焼肉	プルコギ **불고기**	腸詰	スンデ **순대**
三鶏湯サムゲタン	サムゲタン **삼계탕**	海鮮鍋	ヘムルタン **해물탕**
韓定食	ハンジョンシク **한정식**	つつみご飯	ポッサム **보쌈**

＊本来は宮廷料理

飲む　　　　　　　　　　　　　　　　　　　　　Disc1　60

☐ 乾杯!

건배!
（コンベ）

☐ お酒はいける口ですか?

술은 잘 드세요?
（スルン　チャル　トゥセヨ）

☐ ビールなら飲めます。

맥주는 먹을 수 있어요.
（メクチュヌン　モグル　ス　イッソヨ）

＊먹다は本来「食べる」の意味ですが、
（モクタ）
会話では마시다(飲む)という意味でも使います。
（マシダ）

☐ 2〜3杯しか飲めません。

두 세잔밖에 못 마셔요.
（トゥ　セジャンパッケ　モン　マショヨ）

☐ もう1杯いかがですか?

한잔 더 어떠세요?
（ハンジャン　ト　オットセヨ）

☐ ビールをもう1本ください。

맥주 한 병 더 주세요.
（メクチュ　ハン　ビョン　ト　ジュセヨ）

☐ もう飲めません。

더 못 마시겠어요.
（ト　モン　マシゲッソヨ）

＊더는 못 마셔요.（これ以上飲めません）
（トヌン　モン　マショヨ）

☐ 弱いんです。

약해요.
（ヤッケヨ）

＊잘 못 마셔요.（下戸なんです）
（チャル モン マショヨ）

☐ 飲むとすぐ
赤くなってしまいます。

마시면 금방 빨개져 버려요.
（マシミョン　クムバン　ッパルゲジョ　ボリョヨ）

☐ 今夜はゆっくり飲みましょう。	オヌルン チョンチョニ マシジョ 오늘은 천천히 마시죠.	
☐ 強いですね。	カンハシネヨ 강하시네요.	
☐ ざるです。	チュダンイムニダ ◎ 주당입니다. チュダン * 주당(酒当) チャル マシムニダ * 잘 마십니다.(よく飲みます)	
☐ 笑い上戸なんです。	スル チュイハミョン マク ウッソ ボリョヨ 술 취하면 막 웃어 버려요. スル チュイハミョン マク ウロ ボリョヨ * 술 취하면 막 울어 버려요.(泣き上戸なんです)	
☐ 飲みすぎないように してくださいね。	クァウムハジ アントロク ヘ ジュセヨ 과음하지 않도록 해 주세요.	
☐ 二日酔いしそうですね。	スクチュイロ コセンハル コッ カッタヨ 숙취로 고생할 것 같아요. コセン * 고생(苦労)	
☐ そんなに飲んだら 体によくありませんよ。	クロッケ マシミョン モメ 그렇게 마시면 몸에 チョッチ アナヨ 좋지 않아요.	
☐ 韓国ではお酒は飲みほして からつぎます。	ハングゲソヌン チャヌル タ ビウン ピン ◎ 한국에서는 잔을 다 비운 빈 チャネ スルル ッタルムニダ 잔에 술을 따릅니다.	

食べる　　　　　　　　　　　　　　　　　　Disc1　61

□ 箸をください。
　　　　　　チョッカラク　ジュセヨ
　　　　　　젓가락 주세요.

□ 取り皿ください。
　　　　　　アプチョプシ　ジュセヨ
　　　　　　앞접시 주세요.

□ ごはんください。
　　　　　　コンギッパプ　ジュセヨ
　　　　　　공깃밥 주세요.

　　＊白いごはんは 공깃밥（コンギッパプ）
　　　焼き肉屋ではたいてい別注文になります。

□ キムチのおかわりください。
　　　　　　キムチ　チョム　ト　ジュセヨ
　　　　　　김치 좀 더 주세요.

□ サンチュのおかわりください。
　　　　　　サンチュ　チョム　ト　ジュセヨ
　　　　　　상추 좀 더 주세요.

□ 肉を切ってください。
　　　　　　コギ　チャルラ　ジュセヨ
　　　　　　고기 잘라 주세요.

□ 麺を入れてください。
　　　　　　サリ　ノオジュセヨ
　　　　　　사리 넣어주세요.

ファーストフード店での会話　　　　　　　　　　Disc1　62

- [ ] こちらでお召し上がりですか？
  お持ち帰りですか？

  여기서 드시고 가세요?
  아니면 포장해 가시겠어요?

  * 드시고 가세요? 테이크아웃이세요?
    (召し上がっていきますか？ テイクアウトしますか？)

  * 포장(包装)

- [ ] ここで食べます。

  여기서 먹어요.

- [ ] 持ち帰ります。

  ◎ 테이크아웃입니다.

- [ ] チーズバーガーセット1つで
  ドリンクはオレンジジュースで。

  치즈버거 세트 하나에
  음료는 오렌지 주스.

  * 불고기버거 2개랑, 프렌치 프라이
    M사이즈로 두 개 주세요.
    (プルコギバーガー2つとポテトのMサイズ
    2つください)

- [ ] クリームをもう1つください。

  크림 하나 더 주세요.

  * 설탕(砂糖)

- [ ] ドギーバックにしてください。

  남은 거 포장해 주세요.

  * 싸 주세요.(包んでください)

味覚について話す

- [ ] おいしいですか？ — 맛있어요?
- [ ] おいしいです。 — 맛있어요.
- [ ] いい香りです。 — 냄새가 좋아요.
  * 향기(香り)
- [ ] お口に合いますか？ — 입맛에 맞으세요?
- [ ] 味はどうですか？ — 맛이 어때요?
- [ ] いい味ですね。 — 맛이 좋네요.
- [ ] 辛いです。 — 매워요.
  * 달아요.(甘いです)
- [ ] 辛すぎて食べられません。 — 너무 매워서 못 먹겠어요.
- [ ] 辛いものは苦手です。 — 매운 것은 잘 못 먹어요.
  * 단 것(甘いもの)

☐ 初めて食べました。	처음 먹어봤어요.
	* ㄴ 적이 있어요 (〜したことがあります)
	ㄴ 적이 없어요 (〜したことがありません)
☐ こんなに美味しいものは食べたことがありません。	이렇게 맛있는 것은 먹어 본 적이 없어요.
☐ あまり好きな味ではありません。	별로 좋아하는 맛은 아니에요.
☐ まずいです。	맛없어요.
	* 直接的な表現ですが、ネイティブはためらわずに使います。
	* 맛없지는 않아요. (まずくはありません)
☐ 熱いです。	뜨거워요.
☐ 冷たくておいしいです。	시원하고 맛있어요.
☐ さっぱりしています。	맛이 산뜻해요.
	* 맛이 깔끔하네요. (すっきりしています)
	* 맛이 담백하네요. (あっさりしています)
	* 깔끔(すっきり) 담백(淡白)

□ 味が薄いです。	맛이 연해요.
	* 싱겁습니다. (薄味です)

□ 味が濃すぎます。	맛이 너무 진해요.

□ こくがありますね。	깊은맛이 있네요.
	* 감칠맛 (こく・うまみ)

□ こってりしています。	맛이 진해요.
	* 기름진 맛이에요. (脂っこいです)
	느끼해요. でも同じ意味になります。

□ やわらかいです。	부드러워요.
	* 입안에서 살살 녹아요. (口の中でとろけます)
	* 딱딱해요. (固いです)

□ 麺にコシがあります。	면이 쫄깃해요.

□ このキムチは栄養たっぷりですね。	이 김치는 영양 만점이에요.

□ コラーゲンがたっぷりです。	콜라겐이 듬뿍 들어 있어요.

飲食店でのトラブル

- [ ] 注文したものが
  まだ来ていません。

  주문한 게 아직 안 왔어요.

- [ ] それはもう来ました。

  그건 벌써 왔어요.

- [ ] これは頼んでいません。

  이건 주문 안 했어요.

  * 그건 주문하지 않았어요.
  （それは注文していません）

- [ ] 3人前頼みましたが。

  3인분 주문했는데요.

- [ ] 生ビールを頼んだのですが。

  생맥주를 주문했는데요.

- [ ] コーヒーではなくて
  紅茶を頼んだのですが。

  커피가 아니라

  홍차를 주문했는데요.

  * 이 / 가 아니라（〜じゃなく）

- [ ] 中に虫が入っています。

  안에 벌레가 들어 있어요.

- [ ] 火が通っていません。

  완전히 익지 않았어요.

- [ ] 計算が間違っています。

  계산이 맞지 않네요.

  * 맞지 않다（合わない）

3 ショッピング

商品・売り場を探す　　Disc1　65

☐ お土産はどこで買えますか？

특산품을 어디서 살 수 있어요?

☐ 紳士服売り場はどこですか？

신사복 매장은 어디예요?

＊ 어디예요?（どこですか？）

☐ 食料品売り場はどこですか？

식료품 매장은 어디예요?

＊ 술 매장（お酒売り場）　푸드코트（フードコート）
　유아복 매장（子供服売り場）

☐ 女性服売り場は何階ですか？

여성복 매장은 몇 층이에요?

＊ 몇 층이에요?（何階ですか？）
　레스토랑（レストラン）

☐ 海苔が欲しいんですが。

김을 사고 싶은데요.

＊ 한국김（韓国海苔）は高級海苔で、돌김（岩海苔）をお土産にする人がほとんど。

☐ ブランドバッグが
　欲しいんですが。

명품백을 사고 싶은데요.

☐ 何をお探しですか?	◎ 무엇을 찾고 계십니까? ムオスル チャッコ ケシムニッカ
☐ ヘッテのお菓子を探しています。	해태의 과자를 찾고 있어요. ヘッテエ クヮジャルル チャッコ イッソヨ
☐ 韓国焼酎はありますか?	한국의 소주는 있어요? ハングゲ ソジュヌン イッソヨ ＊ 있어요?(ありますか?) イッソヨ
☐ ジーンズは置いていますか?	청바지는 있나요? チョンパジヌン インナヨ

■ お土産

子供のおもちゃ	아이의 장난감 アイエ チャンナンカム	恋人へのプレゼント	애인에게 줄 선물 エイネゲ ジュル ソンムル
お財布	지갑 チガプ	時計	시계 シゲ
ネックレス	목걸이 モッコリ	イヤリング	귀걸이 クィゴリ
化粧品	화장품 ファジャンプム	ワンピース	원피스 ウォンピス
海苔	김 キム		

希望を伝える　Disc1 66

- [ ] 他の色はありますか？

  タルン　セク　イッソヨ
  다른 색 있어요?

- [ ] もっと明るい色が欲しいんですが。

  ト　パルグン　セギ　チョウンデヨ
  더 밝은 색이 좋은데요.

  チョウンデヨ
  * 좋은데요（いいんですが）

■ 色 / 색깔 (セッカル)

赤	ッパルガンセク **빨간색**	紫色	ポラセク **보라색**
青色	パランセク **파란색**	緑	ノクセク **녹색**
黄緑色	ヨンドゥセク **연두색**	ピンク色	プノンセク **분홍색**
オレンジ色	チュファンセク **주황색**	黄色	ノランセク **노랑색**
空色	ハヌルセク **하늘색**	灰色	フェセク **회색**
白	ハヤンセク **하얀색**	黒	コムジョンセク **검정색**
茶色	カルセク **갈색**	銀色	ウンセク **은색**
金色	クムセク **금색**		

☐ もっと安いものは ありますか？	トッサン ゴスン イッソヨ 더 싼 것은 있어요?
☐ もっと大きいサイズ ありますか？	チョム ト クン サイジュ イッソヨ 좀 더 큰 사이즈 있어요? チョム ト チャグン サイジュ ＊ 좀 더 작은 사이즈（もっと小さいサイズ）
☐ もっと軽いものが 欲しいんですが。	ト カビョウン ゴシ チョッケンネヨ 더 가벼운 것이 좋겠네요. チョッケッソヨ ＊ 좋겠어요（いいです）
☐ 日本に送れますか？	イルボネ ポネル ス インナヨ 일본에 보낼 수 있나요? ククチェウピョヌロ ポネル ス インナヨ ＊ 국제우편으로 보낼 수 있나요? 　（国際郵便で送れますか？） ククチェテベロ ポネル ス インナヨ ＊ 국제택배로 보낼 수 있나요? 　（国際宅急便で送れますか？）
☐ 試着してもいいですか？	シチャッケボアド ケンチャンスムニッカ ◎ 시착해봐도 괜찮습니까? シチャッカル ス イッソヨ ＊ 시착할 수 있어요?（試着できますか） チョアヨ ＊ 좋아요?（いいですか？） ケンチャナヨ 　괜찮아요?（大丈夫ですか？）
☐ どこで試着できますか？	オディソ シチャッカミョン テナヨ 어디서 시착하면 되나요? シチャケシルン オディンガヨ ＊ 시착실은 어디인가요?（試着室はどこですか？）
☐ 裾上げはできますか？	サイジュ チョジョラル ス イッソヨ 사이즈 조절할 수 있어요?

感想を述べる

これは安いね。	◈ 이것은 싸네.
気に入りました。	마음에 들어요.
趣味じゃないなあ。	취향에 안 맞아. ＊ 취향(趣向)
どう? 似合ってる?	◈ 어때? 어울려?
よくお似合いですよ。	잘 어울려요.
ぴったりですよ。	딱 이에요. ＊ 딱 맞아요.(ぴったりです)
やわらかい生地ですね。	부드러운 천이네요.
着心地は抜群ですよ。	입은 감촉이 좋아요.

☐ 少し太って見えるなあ。	◆ 좀 뚱뚱해 보이네.
☐ ワンサイズ小さいのにしたら?	◆ 한 사이즈 작은 걸로 하면 어때?
☐ デザインが若すぎます。	◆ 디자인이 너무 어린 애들 같아요.
☐ もう少しシックな色のほうが似合うんじゃないかな?	◆ 좀 더 시크한 색이 어울리지 않을까?
☐ もっと明るい色のほうが似合うと思うよ。	◆ 더 밝은 색이 어울릴 것 같아.

購入する

これください。	이거 주세요.
カード使えますか？	카드 사용할 수 있나요?
はい。使えます。	네, 괜찮아요.
一括でお願いします。	◎ 일괄로 부탁합니다.
こちらにサインしてください。	여기에 사인해 주세요.
現金で支払います。	◎ 현금으로 내겠습니다.
トラベラーズチェックは使えません。	◎ 여행자 수표는 사용할 수 없습니다.
包装しますか？	포장해 드릴까요?
はい。包装してください。	네, 포장해 주세요.

返品・交換・クレーム　　Disc 1　69

☐ サイズを取り換えてもらえますか？	サイジュルル　バックル　ス　イッスルッカヨ 사이즈를 바꿀 수 있을까요?
☐ ワンサイズ小さいものに換えてください。	ハン　サイジュ　チャグン　ゴルロ 한 사이즈 작은 걸로 バックォ　ジュセヨ 바꿔 주세요.
☐ 違うものに換えてもいいですか？	タルン　ゴルロ　バックォド ◎ 다른 걸로 바꿔도 ケンチャンスムニッカ 괜찮습니까?
☐ 他の色に換えたいのですが。	タルン　セグロ　バックゴ　シップンデヨ 다른 색으로 바꾸고 싶은데요.
☐ 袋に違う物が入っていました。	ボントゥエ　タルン　ゴシ　トゥロ 봉투에 다른 것이 들어 イッソッソヨ 있었어요.
☐ 頼んだ色と違います。	ブッタッカン　セックヮ　タルムニダ ◎ 부탁한 색과 다릅니다.
☐ チャックがあがりません。	チャックルル　チャムグル　スガ　オプソヨ 자크를 잠글 수가 없어요.
☐ 肩がきついです。	オッケガ　ックヮク　ッキオヨ 어깨가 꽉 끼어요.

□ ここに穴が開いています。	여기에 구멍이 나 있어요. ヨギエ クモンイ ナ イッソヨ * 여기에 얼룩이 있어요. ヨギエ オルルギ イッソヨ （ここにシミがあります）
□ 糸がほつれています。	실이 풀려 있어요. シリ プルリョ イッソヨ * 흠집이 있어요. フムチビ イッソヨ （キズがあります）
□ 電池を入れても動きません。	전지를 넣어도 움직이지 않아요. チョンジルル ノオド ウムジギジ アナヨ
□ 返品したいんですが。	반품하고 싶은데요. パンプマゴ シップンデヨ
□ レシートはありますか？	영수증 있으세요? ヨンスジュン イッスセヨ
□ はい。あります。	네, 있어요. ネ イッソヨ

4 미술관・박물관

作品・画家について話す　　Disc1　70

□ 美術館巡りは好きですか？　　미술관 돌아보는 거 좋아하세요?

□ 海外に行ったら必ず美術館に行きます。　　해외에 가면 반드시 미술관에 가요.

□ 画廊に行ってみたいです。　　화랑에 가 보고 싶어요.

□ 三鐔洞に画廊がたくさんあります。　　삼청동에 화랑이 많이 있어요.

□ どんな絵が好きですか？　　어떤 그림을 좋아하세요?

□ 印象派が好きです。　　인상파를 좋아해요.

□ 人物画が好きです。　　인물화를 좋아해요.

＊ 풍경화(風景画)　사진(写真)　서양화(西洋絵画)

□ ピカソは天才ですね。　　피카소는 천재예요.

☐ セザンヌはいいですね。	セジャンヌヌン チョンネヨ 세잔느는 좋네요.	
☐ ウォーホルの絵は 格好いいですね。	ウォホレ クリムン モシッソヨ 워홀의 그림은 멋있어요.	
☐ インスタレーションは 面白いですね。	インストレイショヌン チェミインネヨ 인스터레이션은 재미있네요.	
☐ 日本画もきれいですね。	イルボンファド イェップネヨ 일본화도 예쁘네요.	
☐ 写実的な絵より 抽象画が好きです。	サシルチョギン クリムボダ 사실적인 그림보다 チュサンファルル チョアヘヨ 추상화를 좋아해요.	

版画	パナ 판화	
水彩画	スチェファ 수채화	
油絵	ユファ 유화	
彫刻	チョガク 조각	
工芸品	コンエプム 공예품	
印象派	インサンパ 인상파	
シュールレアリズム	チョヒョンシルチュウィ 초현실주의	

社交編

日常生活編

外出編

冠婚葬祭編

旅行編

感情表現編

感想を述べる　　　　　　　　　　　　　　　　　　Disc1　71

- こちらの絵が好きです。
  イッチョゲ　クリミ　チョアヨ
  이쪽의 그림이 좋아요.

- 素晴らしい作品ですね。
  モシンヌン　チャクプミネヨ
  멋있는 작품이네요.

- なんて繊細な絵なのでしょう。
  オッチョミョン　クリミ　イロッケ
  어쩌면 그림이 이렇게
  ソムセハルッカヨ
  섬세할까요.

- 構図が素晴らしいです。
  クドガ　モシッソヨ
  구도가 멋있어요.

- 色使いがきれいです。
  セグル　イエップゲ　チャル ッスネヨ
  색을 예쁘게 잘 쓰네요.

- レプリカでいいから欲しいです。
  ポクチェプミラド　チョウニッカ
  복제품이라도 좋으니까
  カッコ　シッポヨ
  갖고 싶어요.
  　ポクチェ
  ＊복제(複製)

- いつ頃の作品ですか？
  オンジェッチョク　チャクプミエヨ
  언제적 작품이에요?

- タイトルは何ですか？
  タイトゥルン　ムォエヨ
  타이틀은 뭐예요?

□ 暗い絵ですね。	어두운 그림이네요.
□ 私はいいとは思いません。	저는 좋지 않다고 생각해요.
□ これ、見たことあります。	이거 본 적 있어요.
□ 作者は誰ですか？	작자는 누구예요?
□ 韓国で有名な画家の作品です。	◎ 한국에서 유명한 화가의 작품입니다.
□ 韓国の作家の絵を買えますか？	한국의 작가의 그림도 살 수 있어요?
□ 図録はありますか？	도록은 있어요?
□ 画集も売っています。	화집도 팔고 있어요.
□ ミュージアムカフェはどこですか？	뮤지엄카페는 어디예요?

5 映画

映画について話す

映画を見に行きませんか？	영화 보러 안 갈래요?
面白い映画やっていますか？	재밌는 영화 하고 있어요?
どんな映画が好きですか？	어떤 영화를 좋아하세요?
韓国映画が大好きです。	한국영화를 무척 좋아해요.
ホラー映画は苦手です。	호러영화는 못 봐요.
鐘路劇場では何を上映していますか？	종로극장에서는 무엇을 상영하고 있어요?
上映時間はどれくらいですか？	상영시간은 어느 정도예요?
主演は誰ですか？	주연은 누구예요?
有名な映画監督の作品です。	유명한 영화감독의 작품이에요.

チケットを予約・購入する

- [ ] チケットはどこで買えますか？
  티켓은 어디서 살 수 있어요?

- [ ] 窓口で買えます。
  창구에서 살 수 있어요.

- [ ] ネットでも予約できます。
  인터넷으로도 예약 가능해요.

- [ ] チケットの予約をしたいのですが。
  티켓을 예약하고 싶은데요.

- [ ] 指定席ですか？
  지정석이에요?

- [ ] いつをご希望ですか？
  희망하시는 날짜는 언제세요?

  * 원하시는 날짜는 언제예요? でも同じ意味。

- [ ] 5月18日のチケット取れますか？
  5월 18일의
  티켓을 살 수 있을까요?

恋愛物	로맨스
コメディー	코미디
歴史物	사극
泣かせる映画	슬픈 영화
恐怖映画	공포영화

☐ 何名様ですか?	몇 분이십니까?
☐ 2人です。	두 명이요.
☐ その日は満席です。	그날은 만석입니다.
☐ キャンセル待ちできますか?	취소되는 거 기다려도 될까요?
☐ 2時の回と6時の回が取れます。	2시와 6시의 공연은 괜찮습니다.
☐ 6時の回でお願いします。	6시의 공연으로 부탁합니다.
☐ 何時に始まりますか?	몇 시에 시작해요?
☐ 次の回は何時からですか?	다음 회는 몇 시부터예요?
☐ お支払いはいかがなさいますか?	지불은 어떻게 하시겠습니까?
☐ 窓口で支払います。	창구에서 낼게요.
☐ いい席が取れました。	좋은 자리를 잡았어요.

感想を述べる

□ 映画どうでしたか？
영화 어땠어요?

□ とても感動しました。
매우 감동했어요.

□ とても面白かったです。
매우 재밌었어요.

□ ほのぼのとした映画ですね。
훈훈한 영화네요.

□ 主演の演技が最高でしたね。
주연의 연기가 최고였어요.

□ 原作とはずいぶん違いますね。
원작하고는 꽤 다르네요.

□ 途中で眠ってしまいました。
도중에 잠들어 버렸어요.

□ 上映時間が長すぎます。
상영시간이 너무 길어요.

□ 日本の漫画が原作なんですって。
일본의 만화가 원작이래요.

6 コンサート・観劇

콘서트・연극구경

音楽・演劇について話す　　　Disc1　75

□ どんな音楽が好きですか？
어떤 음악을 좋아하세요?

□ ジャズが好きです。
재즈를 좋아해요.

□ クラッシックです。
클래식이요.

□ ピアノ曲が特に好きです。
◎ 특히 피아노곡이 좋습니다.

□ ジャンルを問わず聴きます。
장르 상관없이 들어요.

□ CDを貸してあげましょうか？
CD를 빌려 드릴까요?

□ オーケストラを
よく聞きに行きます。
오케스트라를
자주 들으러 가요.
＊ 자주(しばしば)　잘(よく)

□ 小さな劇場で演劇を
見るのが好きです。
소극장에서 연극을 보는
것을 좋아해요.

- ☐ 大学路の劇場に
  よく行きます。

  대학로의 극장에 자주 가요.

- ☐ ミュージカルは
  見たことがありません。

  뮤지컬은 본 적이 없어요.

- ☐ オペラは一度見ると
  面白いです。

  오페라는 한번 보면 재밌어요.
  * 재밌어요는 재미있어요의 축약형.

- ☐ テレビ番組の公開録画を
  よく見に行きます。

  텔레비전 프로그램의
  공개녹화를 자주 보러 가요.

童謡	동요
クラッシック	클래식
ポップ	팝
ヒップホップ	힙합
ラップ	랩
ロック	락
ダンス	댄스

感想を述べる　　　Disc 1　76

*「チケットを予約・購入する」(P.159)も参照してください。

生演奏は最高ですね。	라이브 연주는 최고네요.
次の曲は何ですか？	다음 곡은 뭐예요?
素晴らしい音です。	멋진 소리예요.
アンコール!	앙코르!
来てよかった。	◇ 와서 좋았어.
すごく面白かった。	◇ 너무 재밌었어.
あの女優(俳優)の演技がよかった。	◇ 저 여배우의 연기가 좋았어.
また来ようね。	◇ 또 오자.
ピのコンサートはまた行きたいです。	비의 콘서트는 또 가고 싶어요.
歌もダンスもうまいですから。	노래도 춤도 잘하니까요.

＊댄스(ダンス)

7 スポーツ観戦

스포츠 관전

好きなスポーツについて話す　　Disc1　77

□ 好きなスポーツは何ですか？
좋아하는 스포츠는 뭐예요?

□ 見るならサッカー。
볼 거면 축구를 봐야.

□ サッカーワールドカップは面白いですね。
월드컵은 재밌어요.

□ 格闘技が好きです。
격투기를 좋아해요.

□ K-1は韓国でも人気があります。
K-1은 한국에서도 인기가 있어요.

□ 日本の国技は相撲です。
일본의 국기는 스모입니다.

＊ 일본의 전통스포츠（日本の伝統スポーツ）
씨름（相撲）

□ オリンピックは必ず見ます。
올림픽은 반드시 봐요.

☐ プロ野球観戦が好きです。	프로야구를 관전하는 것을 좋아해요.
☐ メジャーリーグが面白いですね。	메이저리그가 재미있어요.
☐ WBCも必ず見ます。	WBC도 반드시 봐요.
☐ 好きなチームはどこですか？	좋아하는 팀은 어디예요?
☐ 巨人です。	거인이에요. ＊ 양키스예요.（ヤンキースです）
☐ 地元のエスパルスを応援しています。	제가 살고 있는 도시의 에스펄스를 응원하고 있어요.
☐ 韓国で一番強いサッカーチームはどこですか？	한국에서 제일 강한 축구팀은 어디예요?
☐ 韓国で一番人気がある野球チームはどこですか？	한국에서 제일 인기있는 야구팀은 어디예요?

チケットを予約・購入する

- [ ] 来週、プロ野球を見に行きませんか？

  다음 주 프로야구를 보러 안 갈래요?

- [ ] どことどこですか？

  어디랑 어디예요?

- [ ] 今日は日韓戦があります。

  오늘은 한일전이 있어요.

- [ ] ネットでチケットを予約しました。

  인터넷으로 티켓을 예약했어요.

- [ ] ナイター券が取れますか？

  야간경기 표를 살 수 있어요?

- [ ] 今晩のチケットありますか？

  오늘 밤 티켓은 있어요?

- [ ] 当日券があるかもしれません。

  당일권이 있을지도 모르겠어요.

- [ ] 2枚ください。

  2장 주세요.

☐ 内野席はありますか？	ネヤソグン　　　　イッソヨ **내야석은 있어요?** コルデ トゥイエ チャリ イッソヨ ＊ **골대 뒤의 자리 있어요?** （ネット裏の席もありますか？） クムル **그물**（ネット）
☐ 一塁側がいいです。	イルル　ッチョギ　チョアヨ **1루 쪽이 좋아요.**
☐ 外野席でもいいです。	ウェヤソギラド　　チョアヨ **외야석이라도 좋아요.**
☐ もっと前の席に 　替えてもらえますか？	ト　アッペ　チャリロ　バックォ **더 앞의 자리로 바꿔** ジュル ス オプソヨ **줄 수 없어요?**

観戦中の会話

1対1で同点だよ。	1대1로 동점이야.
日本が先制点を入れたよ。	일본이 선제점을 넣었어.
韓国が逆転したところ。	한국이 방금 역전했어.
延長戦になりそうですね。	연장전이 될 것 같네요.
ピッチャー交替だな。	투수 교체야.
ピンチヒッターだ。	대타야.
ナイスピッチング!	나이스 핏칭!
ナイスシュート!	나이스 슛!
逆転ホームランだ。	역전 홈런이다.
おしい!	아깝다!
PK戦だな。	PK전이네.
キーパーよく守った。	골키퍼 잘 막았어.

8 スポーツをする

스포츠를 하다

ゴルフ　　　　　　　　　　　　　　　　　　Disc1　80

□ ゴルフクラブを借りることはできますか？
_{コルプクルロブル　ビルリル　ス　イッソヨ}
골프클럽을 빌릴 수 있어요?

□ ボールはどこで買えますか？
_{コンウン　オディソ　サル　ス　イッソヨ}
공은 어디서 살 수 있어요?

□ ゴルフシューズもありますか？
_{コルプシュジュド　イッソヨ}
골프슈즈도 있어요?

_{カトゥヌン　イッソヨ}
＊ 카트는 있어요?（カートはありますか？）

□ ナイスショット！
_{ナイス　シャッ}
◆ **나이스 샷!**

□ 芝が長いですね。
_{チャンディガ　キネヨ}
잔디가 기네요.

□ 韓国のゴルフ場は高いですね。
_{ハングゲ　コルプジャンウン　ピッサネヨ}
한국의 골프장은 비싸네요.

□ キャディーさんにチップをあげてください。
_{ケディハンテ　ティブル　ジュセヨ}
캐디한테 팁을 주세요.

水泳

- タオルは貸してもらえます。
  타올은 빌릴 수 있어요.

- 売店でゴーグルを買えます。
  매점에서 고글을 살 수 있어요.

- 水泳帽をかぶってください。
  수영 모자를 써 주세요.

- 泳ぐのは久しぶりです。
  ◎ 수영하는 건 오랜만입니다.

- 子供のころは水泳を習っていました。
  어릴 때는 수영을 배웠었어요.

テニス

- テニスをしませんか?
  테니스 안 치실래요?

- コートを予約しますね。
  ◎ 코트 예약합니다.

- ダブルスで試合をしましょう。
  ◎ 팀을 먹고 시합을 합시다.

  * 팀을 짜서 시합을 합시다.
  (チームを組んで試合をしましょう)

- ラリーをしましょう。
  ◎ 랠리를 합시다.

- そちらの番ですよ。
  그쪽이 치실 차례예요.

スノーボード

- [ ] ドラゴンバレーは
  ソウルから近いですか?

  ◎ 드래곤 밸리는
  서울에서 가깝습니까?

  * 용평(龍平) ドラゴンバレーの別名。

- [ ] ソウルから直行バスが
  出ています。

  서울에서 직행버스가
  나와 있어요.

- [ ] レンタルボードはありますか?

  렌털 보드는 있어요?

- [ ] 人工雪ですか?

  인공눈이에요?

- [ ] 一日券はいくらですか?

  일일권은 얼마예요?

- [ ] スキーブーツを貸してください。

  스키 부츠를 빌려 주세요.

- [ ] もっと傾斜のゆるいところで
  滑りたいです。

  좀 더 경사가 완만한 곳에서
  타고 싶어요.

登山

Disc1 84

- [ ] 今度の日曜日山に行きませんか？
  이번 일요일 산에 가지 않을래요?

- [ ] 登山靴がありません。
  등산화가 없어요.

- [ ] スニーカーで大丈夫ですよ。
  운동화로 괜찮아요.

- [ ] お昼はどうしますか？
  점심은 어떻게 해요?

- [ ] 売店があります。
  매점이 있어요.

- [ ] 上着を忘れないでください。
  겉옷을 잊지 마세요.

- [ ] 雨具も持って行きましょう。
  ◎ 우비도 들고 갑시다.

9 カラオケ

노래방

- [ ] カラオケに行きましょう。

  노래방에 가요.
  * 갑시다. (行きましょう)

- [ ] 私は音痴です。

  저는 음치예요.

- [ ] 日本語の曲もありますよ。

  일본어 노래도 있어요.

- [ ] 韓国の歌を知っていますか?

  한국의 노래를 알고 있어요?

- [ ] 流行りの歌を歌ってください。

  유행하는 노래를 불러 주세요.

- [ ] リクエストしてもいいですか?

  신청해도 괜찮아요?

- [ ] お先にどうぞ。

  먼저 하세요.

- [ ] デュエットしますか?

  듀엣 할래요?

- [ ] 何番ですか?

  몇 번이에요?

- [ ] 予約しました。

  예약했어요.

☐ 私の十八番です。	제 18번이에요. (チェ シッパルボニエヨ)
☐ 歌がうまいですね。	노래 잘하네요. (ノレ チャラネヨ)
☐ いい声ですね。	목소리가 좋네요. (モクソリガ チョンネヨ)
☐ キーを下げてください。	키를 내려 주세요. (キルル ネリョ ジュセヨ)

* 키를 올려 주세요.(キーを上げてください)
(キルル オルリョ ジュセヨ)

10 美容院

미용실

Disc 1　86

☐ 予約したいんですが。	예약하고 싶은데요.
☐ カットですか?カラーですか?	◎ 커트입니까? 컬러입니까?
	* 염색(カラー) 「染色」を基にした漢字語です。
☐ カットをお願いします。	◎ 커트를 부탁합니다.
☐ パーマをお願いします。	◎ 파마를 부탁합니다.
☐ シャンプーもお願いします。	◎ 샴푸도 부탁합니다.
☐ 髪を染めたいんですが。	염색하고 싶은데요.
☐ どのようになさいますか?	어떻게 하시겠어요?
☐ 前髪は眉毛に かかるくらいで。	앞머리는 눈썹에 올 정도로.
☐ 前髪はもう少しだけ 短くしてください。	앞머리는 조금 더 짧게 해 주세요.

☐ このスタイルにしてください。	이 스타일로 해 주세요.
	* 유행하는 스타일로 해 주세요. （流行りの髪型にしてください）
☐ 全体的に量を減らしてください。	전체적으로 숱을 쳐 주세요.
☐ 右側で分けてください。	오른쪽으로 나눠 주세요.
☐ 切りすぎないようにしてください。	많이 자르지 말아 주세요.
☐ 毛先をそろえてください。	머리카락 끝을 가지런히 맞춰 주세요.
☐ 明るい色にしてください。	밝은 색으로 해 주세요.
	* 흰머리염색을 해 주세요. （白髪染めをしてください）
☐ ゆるくパーマをかけてください。	살짝 파마해 주세요.
☐ 癖毛なので、ストレートパーマをかけてください。	곱슬머리니까 스트레이트 파마를 해 주세요.

11 エステ

에스테 (마사지)

Disc1　87

□ ハンジュンマクに行ってみたいんですが。	한증막에 가 보고 싶은데요.
□ よもぎ蒸しをしたいんですが。	쑥가마를 하고 싶은데요.
□ 足裏マッサージをしたいんですが。	발 마사지를 하고 싶은데요.
□ カッピングをしたいんですが。	부황을 뜨고 싶은데요.
□ 泥パックをお願いします。	진흙팩 해 주세요.
□ アカすりをお願いします。	때 밀어주세요.
□ キュウリパックをしてください。	오이 팩을 해 주세요.
□ 産毛抜きをしてください。	잔털 제거해 주세요.

*　털을 제거해 주세요.（毛を除去してください）でも同じ意味になります。
제거（除去）

□ 水をください。	물 좀 주세요.

Chapter 4

冠婚葬祭編

結婚式やお葬式などの改まった席では、意識して丁寧な語尾を使いたいものです。冠婚葬祭やお祝い、季節行事のフレーズを集めました。人生の節目に、ぜひ活用してみてください。

1 結婚

結婚の報告 　　　　　　　　　　　Disc2　1

□ 彼女と婚約しました。
그녀와 약혼했어요.

□ 私たち結婚することになりました。
우리 결혼하게 되었어요.

□ 彼と結婚することになりました。
그 사람과 결혼하게 되었어요.

□ 彼女と再婚します。
그녀랑 재혼해요.

＊와と랑は同じ使い方をします。
（P.10の「助詞」を参照してください）

□ 私たちは恋愛結婚です。
우리 연애결혼이에요.

＊우리 중매결혼이에요.
（私たちはお見合い結婚です）

□ 地味婚です。
검소한 결혼식이에요.

□ 結納はいつですか？
◎ 예물 교환은 언제입니까?

＊약혼식（婚約式）

☐ 結婚式はいつですか?	결혼식은 언제예요?
☐ 来月、結婚式を挙げます。	다음 달 결혼해요. ＊ 결혼식을 올립니다.（結婚式を挙げます） ＊ 결혼 시즌인 6월에 결혼해요. 　（ジューンブライドで6月に結婚式を挙げます）
☐ 結婚式は教会で挙げます。	◎ 결혼식은 교회에서 합니다. ＊ 한국식 결혼식을 올립니다. 　（韓国式の結婚式を挙げます）
☐ 結婚式場で式を挙げます。	결혼식장에서 식을 올려요.
☐ 二次会は近くのカフェで行います。	◎ 2차는 근처 카페에서 합니다.
☐ ご祝儀はいくら包めばいいかな?	◇ 축의금은 얼마 정도 넣으면 되려나.
☐ どうやって知り合ったのですか?	어떻게 알게 됐어요?
☐ 仕事の取引先で彼女と知り合いました。	회사 거래처에서 그녀와 알게 됐어요.

☐ 友人の紹介で知り合いました。

친구 소개로 알게 됐어요.

* 상사 소개로 알게 됐어요.
（上司の紹介で知り合いました）

☐ 合コンで知り合いました。

미팅에서 알게 됐어요.

* 인터넷에서 알게 됐어요.
（インターネットで知り合いました）

☐ 新婚旅行はどこに行くんですか？

◎ 신혼여행은 어디로 가는 겁니까?

* 신혼여행을 어디로?（新婚旅行はどちらへ？）

☐ ハワイです。

하와이로 가요.

☐ 新婚旅行は国内にしようと思います。

신혼여행은 국내로 하려고 해요.

☐ 仕事が忙しくて新婚旅行には行けません。

일이 바빠서 신혼여행은 못 가요.

☐ 新婚旅行は考えていません。

신혼여행은 생각하고 있지 않아요.

お祝いの言葉　　　Disc2　2

- [ ] ご結婚おめでとうございます。　결혼 축하해요.
- [ ] 2人の愛が永遠に続きますように…。　두 사람의 사랑이 영원하길….
- [ ] 結婚を祝して乾杯!　결혼을 축하하며 건배!
- [ ] とてもお似合いですね。　정말 잘 어울리세요.
- [ ] きれいなお嫁さんですね。　예쁜 신부네요.
- [ ] 幸せ者ですね。　행복한 사람이네요.
- [ ] いい人を見つけたね。　좋은 사람을 찾았구나.

結婚生活　　　　　　　　　　　　　　　　　　Disc2　3

□ 新居に遊びに来てください。　신혼집에 놀러 오세요.
* 신혼집 (新婚の家)
  새집 (新しい家) は普通に引っ越した場合の「新居」。
* 집들이 (新居祝い)

□ 新婚生活はいかがですか？　신혼생활은 어떠세요?

□ 毎日幸せです。　매일 행복해요.

□ やっと落ち着きました。　겨우 안정됐어요.

□ 夫の両親と同居しています。　시부모님 모시고 살고 있어요.
* 모시다 (仕える)
* 시부모님께서 귀여워해 주세요.
  (夫の両親にかわいがってもらっています)
* 시어머니와 사이가 나빠서 난처해요.
  (姑と折り合いが悪くて困っています)
  큰일이야. (大変だ)　会話でよく使われる表現。

□ こんなはずじゃなかった。　◆이럴 리가 없었어.

□ 独身の人がうらやましいですよ。　독신이 부러워요.

出産

Disc2 4

□ おめでたです。
임신했어요.
(イムシネッソヨ)

□ つわりがひどいんです。
입덧이 심해요.
(イプトシ シメヨ)

□ 2人目です。
◎ 둘째입니다.
(トゥルッチェイムニダ)

* 여자 아이예요. (女の子です)
  (ヨジャ アイエヨ)

□ 男の子が欲しいです。
아들이었으면 좋겠어요.
(アドゥリオッスミョン チョッケッソヨ)

□ 予定日はいつですか?
예정일은 언제예요?
(イェジョンイルン オンジェエヨ)

□ 名前は決まりましたか?
이름은 정했나요?
(イルムン チョンヘンナヨ)

□ お子さんの誕生おめでとうございます。
◎ 아기의 탄생을 축하드립니다.
(アギエ タンセンウル チュッカトゥリムニダ)

□ とても健康です。
매우 건강해요.
(メウ コンガンヘヨ)

* 3,800그램이나 해요.
  (サムチョンパルベクグレミナ ヘヨ)
  (3800グラムもありました)

□ お父さんに似ていますね。
아빠를 닮았네요.
(アッパルル タルマンネヨ)

* 엄마를 닮았네요. (お母さんに似ていますね)
  (オムマルル タルマンネヨ)

社交編 / 日常生活編 / 外出編 / 冠婚葬祭編 / 旅行編 / 感情表現編

185

離婚   Disc2   5

☐ 離婚しよう。

◈ 이혼하자.

☐ 離婚することになりました。

이혼하기로 했어요.

* 별거하기로 했어요. (別居することになりました)

　기로 하다 (～(す)ることにする)

☐ 離婚調停中です。

이혼조정 중이에요.

☐ 子供の養育費は払ってもらうことになりました。

양육비는 받게 되었어요.

* 위자료는 안 받아요.
（慰謝料はもらいません）

☐ どうして別れることになったのですか？

왜 헤어지기로 했어요?

☐ 性格の不一致です。

성격차이예요.

* 안 맞았어요. (合いませんでした)

☐ 夫のギャンブル癖が治りません。

남편의 노름질이 안 고쳐져요.

* 도박벽 (賭博癖)

2 還暦のお祝い

- □ 還暦おめでとうございます。
  환갑 축하 드려요.
  * 회갑 (還暦)

- □ いつまでもお元気でいてください。
  언제까지고 건강하세요.

- □ 済州島旅行を贈ります。
  제주도여행 보내드릴게요.

- □ 長生きしてくださいね。
  오래오래 사세요.
  만수무강하세요.

3 お葬式

장례식

- [ ] 父が亡くなりました。
  ◎ 아버지가 돌아가셨습니다.

- [ ] 会長は昨日永眠されました。
  ◎ 회장님께서는 어제 영면하셨습니다.

- [ ] 享年80歳でした。
  ◎ 향년 80세였습니다.

- [ ] 葬儀は明日の11時からです。
  ◎ 장례식은 내일 11시부터입니다.

- [ ] 明洞教会で葬儀を執り行います。
  ◎ 명동 교회에서 장례식을 거행합니다.

- [ ] 出棺は12時の予定です。
  ◎ 출관은 12시에 할 예정입니다.

- [ ] 急なことで大変驚いています。
  ◎ 갑작스런 소식으로 너무 놀랐습니다.

☐ お悔やみ申し上げます。	◎ 조의를 표합니다. チョウィルル　ピョハムニダ
☐ とてもお優しい方でした。	◎ 너무나 상냥한 분이었습니다. ノムナ　サンニャンハン　プニオッスムニダ
☐ ご家族はどんなに お悲しみでしょう。	가족분들께서는 얼마나 カジョクブンドゥルッケソヌン　オルマナ 슬프시겠어요. スルプシゲッソヨ
☐ ご家族は さぞお辛いでしょう。	가족분들께서는 얼마나 カジョクブンドゥルッケソヌン　オルマナ 괴로우시겠어요. ケロウシゲッソヨ
☐ どうぞお体を壊さないように してくださいね。	부디 몸 상하지 않도록 プディ　モム　サンハジ　アントロク 해 주세요. ヘ　ジュセヨ

계절의 행사

4 季節の行事

正月　　　　　　　　　　　　　　　　　　　　Disc2　8

□ 明けまして
　おめでとうございます。

새해 복 많이 받으세요.
◎ 새해 복 많이 받으십시오.

□ 謹賀新年。

◆ 근하신년

□ 本年もよろしくお願い
　申し上げます。

◎ 올해도 잘 부탁드리겠습니다.

＊ 올해도 잘 부탁합니다.
　（今年もどうぞよろしくお願いいたします）

□ 今年もよい1年になりますよう
　お祈りいたします。

◎ 올해도 좋은 한 해가
　되기를 기원합니다.

＊ 올 한 해 좋은 해가 되도록 기원하겠습니다.
　（今年1年がよい年になりますようお祈り申し
　上げます）

　빌겠습니다.（お祈りいたします）

□ 来年の旧正月は
　いつですか？

◎ 내년 구정은 언제입니까?

帰省・お盆

- □ 帰省のため高速道路は渋滞しています。
  ◎ 귀성 때문에 고속도로가 정체되고 있습니다.

- □ 高速バスに乗って帰省します。
  ◎ 고속버스를 타고 귀성합니다.
  ＊ 고속버스로 귀성합니다.（高速バスで帰省します）

- □ 帰省の土産は買いましたか?
  ◎ 귀성 선물은 사셨습니까?

- □ 干したイシモチを買いました。
  ◎ 굴비를 샀어요.
  ＊ 굴비（イシモチ）魚の一種。

- □ お盆にはお墓参りをします。
  ◎ 추석에는 성묘를 갑니다.

- □ 満月がきれいです。
  ◎ 보름달이 예쁩니다.

クリスマス

- [ ] メリークリスマス。
◉ 메리크리스마스.
<small>メリクリスマス</small>

- [ ] よいお年をお迎えください。
◉ 좋은 해를 맞이하십시오.
<small>チョウン ヘルル マジハシプシオ</small>

- [ ] 教会でミサがあります。
교회에서 미사가 있어요.
<small>キョフェエソ ミサガ イッソヨ</small>

- [ ] 教会で聖誕祭があります。
◉ 교회에서 성탄제가 있습니다.
<small>キョフェエソ ソンタンジェガ イッスムニダ</small>

- [ ] 韓国ではクリスマスは祝日です。
◉ 한국에서는 크리스마스는 공휴일입니다.
<small>ハングゲソヌン クリスマスヌン コンヒュイリムニダ</small>

＊ 경축일（祝日）
<small>キョンチュギル</small>

Chapter

5

旅 行 編

空港、機内、入国手続きから、ホテルや街歩きまで、韓国旅行に出かけたときに想定されるさまざまなシーンに対応したフレーズを紹介します。ショッピングについては、「第3章 外出編」のフレーズも活用してください。

1 空港・飛行機

공항 · 비행기

空港での会話　Disc2　11

□ 搭乗手続きは
どこでできますか?

탑승 수속은 어디서 할 수 있어요?

□ 搭乗口はDゲートです。

◎ 탑승구는 D 게이트입니다.

□ 搭乗は午後2時からです。

◎ 탑승은 오후 2시부터입니다.

□ 午後1時半までに
出国審査を終えてください。

◎ 오후 1시 반까지는 출국심사를 끝내 주십시오.

□ 予定通りに出発しますか?

◎ 예정대로 출발합니까?

□ 搭乗手続きをお願いします。

◎ 탑승 수속 부탁합니다.

□ パスポートと航空券です。

◎ 여권과 항공권입니다.

□ 窓側の席をお願いします。

창가 쪽 자리로 부탁드려요.

＊ 통로 쪽 자리 있어요? (通路側の席ありますか?)

☐ 預ける荷物はこれだけですか？	◎ 맡기실 짐은 이것뿐입니까?
☐ 預ける荷物は1つだけです。	◎ 맡길 짐은 하나뿐입니다. ＊맡길 짐은 없어요.（預ける荷物はありません）
☐ 機内へ持ち込みます。	기내에 가지고 갈 거예요.
☐ 壊れるものは入っていませんか？	◎ 깨지는 물건은 들어 있지 않습니까?
☐ これは壊れ物です。	이것은 깨지는 물건이에요.

機内での会話　　Disc2　12

☐ 私の席に人が座っています。	제 자리에 다른 사람이 앉아있어요.
☐ 鶏肉にしますか？ 　牛肉にしますか？	닭고기로 하시겠어요? 소고기로 하시겠어요?
☐ 牛肉をください。	소고기 주세요.

☐ お飲み物は何にいたしますか?	◎음료는 무엇으로 하시겠습니까? *ウムニョヌン ムオスロ ハシゲッスムニッカ*
☐ お酒はありますか?	술은 있나요? *スルン インナヨ*
☐ 要りません。	괜찮아요. *ケンチャナヨ*
☐ 入国書類をください。	입국서류 주세요. *イプククソリュ ジュセヨ*
☐ 日本の新聞はありますか?	◎일본 신문 있습니까? *イルボン シンムン イッスムニッカ*
☐ ペンを貸してください。	펜 빌려 주세요. *ペン ビルリョ ジュセヨ*
☐ 毛布をください。	담요 주세요. *タムニョ ジュセヨ* ＊이어폰 주세요. (イヤホンをください) *イオポン ジュセヨ*
☐ お盆を下げてもらえますか?	쟁반 치워 주시겠어요? *チェンバン チウォ ジュシゲッソヨ*
☐ 気分が悪いのですが。	몸이 안 좋아요. *モミ アン チョアヨ* ＊몸이 아프다 (具合が悪い) *モミ アップダ*

入国時の会話　　　Disc2　13

| 入国の目的は何ですか？ | ◎ 입국의 목적은 무엇입니까? |

| 観光です。 | ◎ 관광입니다. |

* 유학입니다. (留学です)
　일입니다. (仕事です)

| 滞在期間はどれくらいですか？ | ◎ 체재기간은 어느 정도입니까? |

| 3日間です。 | ◎ 3일간입니다. |

* 4일간입니다. (4日間です)
　5일간입니다. (5日間です)

| 1週間の予定です。 | ◎ 일주일의 예정입니다. |

| 宿泊先はどこですか？ | ◎ 숙박처는 어디입니까? |

| ロッテホテルです。 | ◎ 롯데 호텔입니다. |

| 知人の家に泊まります。 | ◎ 아는 분의 집에 머뭅니다. |

☐ 申告するものはありますか？	◎ 신고하실 물건은 있습니까?
☐ ありません。	◎ 없습니다.
☐ 申告書です。	◎ 신고서입니다.
☐ 洋酒を1本持っています。	◎ 양주 한 병 가지고 있습니다.
☐ これは何ですか？	◎ 이것은 무엇입니까?
☐ これはお土産です。	◎ 이것은 선물입니다.
	* 기념품（記念品）
☐ 私が使っているビデオカメラです。	◎ 제가 사용하는 비디오 카메라입니다.
	* 제가 피울 담배 두 상자 가지고 있습니다. （自分が吸うタバコを2箱持っています）

空港でのトラブル　　Disc2　14

☐ 日本語を話せる人がいますか？	◎ 일본어를 할 수 있는 분 계십니까?

私のスーツケースが出てきません。	제 수트케이스가 안 나와요.
	*누군가가 실수로 가지고 갔을지도 몰라요. （誰かが間違えて持っていったかも知れません）
私の手荷物が壊れています。	제 수화물이 깨져 있어요.
すぐに調べてください。	빨리 알아봐 주세요.
手荷物の引換証です。	◎ 수화물의 교환증입니다.
見つかったらすぐに連絡をください。	◎ 찾으면 바로 연락 주십시오. *이 연락처로 전화 주십시오. （この連絡先に電話をください）
見つかり次第ホテルに届けてください。	◎ 찾는 대로 호텔에 보내 주십시오.
見つかるまでに買った生活必需品の料金はどこに請求すればいいですか？	◎ 발견될 때까지 산 생활필수품의 요금은 어디로 청구하면 됩니까?
見つからなかったら、どこに申告すればいいですか？	◎ 찾지 못하면 어디로 신고하면 됩니까?

2 ホテル

호텔

ホテルの予約　　　　　　　　　　　　　　　Disc2　15

□ 予約をお願いします。
◎ 예약 부탁합니다.
　　イェヤク　ブッタカムニダ

　* 여기서 예약 가능합니까?
　　ヨギソ　イェヤク　カヌンハムニッカ
　　（ここで予約できますか?）

□ 7月2日から2泊したいのですが。
7월 2일부터 2박 하고 싶은데요.
チロル　イイルブット　イバク　ハゴ　シップンデヨ

　* 이박 하고 싶은데요.（2泊したいのですが）
　　イバク　ハゴ　シップンデヨ

□ この近くでホテルを探しているのですが。
이 근처 호텔을 찾고 있는데요.
イ　クンチョ　ホテルル　チャッコ　インヌンデヨ

□ 駅の近くがいいです。
역 근처가 좋아요.
ヨク　クンチョガ　チョアヨ

　* 싼 호텔（安いホテル）
　　ツサン ホテル

□ 部屋は空いていますか?
◎ 빈방 있습니까?
　　ピンバン　イッスムニッカ

□ 1泊いくらですか?
◎ 일박에 얼마입니까?
　　イルバゲ　オルマイムニッカ

　* 요금은 선불입니까?
　　ヨグムン　ソンブリムニッカ
　　（料金は前払いですか?）

☐ 料金は後払いです。	◎ 요금은 후불입니다.
☐ 朝食はついていますか？	◎ 아침은 딸려 있습니까?
☐ もう少し他をあたってみます。	◎ 좀 더 다른 곳을 알아보겠습니다. ＊ 다른 방도 보여 주세요. （他の部屋も見せてください）
☐ 禁煙ルームにしてください。	금연 방으로 해 주세요.
☐ もう少し大きい部屋に替えてください。	좀 더 큰 방으로 바꿔 주세요. ＊ 좀 더 위층 （もっと上の階）

チェックイン Disc2 16

☐ チェックインをお願いします。	◎ 체크인 부탁드립니다.
☐ 予約してあります。	◎ 예약했습니다. ＊ 일본에서 예약하고 왔습니다. （日本で予約してきました）
☐ これが予約確認書です。	◎ 이것이 예약 확인서입니다.
☐ パスポートを見せてください。	여권을 보여 주세요.

社交編 / 日常生活編 / 外出編 / 冠婚葬祭編 / 旅行編 / 感情表現編

201

□ チェックインが遅れます。	체크인이 늦어지겠어요.
□ 夜の9時ごろ着く予定です。	◎ 밤 9시쯤에 도착할 예정입니다.
□ 今、鐘路5街駅にいるのですが、ここからどうやって行けばいいですか？	◎ 지금 종로5가역에 있는데, 여기서 어떻게 가면 됩니까?
□ 朝食は何時からですか？	아침은 몇 시부터예요?
□ 朝食はカフェテリアでお願いします。	◎ 아침은 카페테리아에서 부탁드립니다.
□ インターネットはできますか？	인터넷은 돼요?
□ ビジネスラウンジはありますか？	비즈니스 라운지 있어요? ＊ 팩스（ファクシミリ） 코인 세탁소（コインランドリー）
□ レストランはどこですか？	레스토랑은 어디예요? ＊ 비상구는 어디에 있어요?（非常口はどこですか?）

サービスの利用　　　Disc2　17

□ 荷物を部屋まで運んでください。
짐을 방까지 운반해 주세요.

□ 荷物を預かってください。
짐을 맡아 주세요.

□ 貴重品を預けることはできますか?
귀중품을 맡아 주실 수 있으신가요?

□ ここまで行きたいのですが、どうやって行けばいいですか?
◎ 여기까지 가고 싶은데요, 어떻게 가야 합니까?

□ 近くにおいしい食堂はありますか?
가까이에 맛있는 식당이 있어요?

＊ 가까이에 편의점이 있어요?
（近くにコンビニはありますか?）
슈퍼(スーパー)

□ 美術館に行く道を教えてください。
미술관에 가는 길을 가르쳐 주세요.

☐ 空港までどれくらいかかりますか?	◎ 공항까지 얼마나 걸립니까?
☐ バスの時刻表がありますか?	버스 시간표가 있어요?
☐ バス停はどこですか?	버스정류장은 어디예요? * 지하철역 (地下鉄の駅)
☐ ルームサービスをお願いします。	룸서비스 부탁해요.
☐ モーニングコールをお願いします。	모닝콜을 해 주세요.
☐ 6時に起こしてください。	6시에 깨워 주세요.
☐ 起こさないでください。	깨우지 말아 주세요.
☐ この手紙を出してください。	이 편지를 보내 주세요.
☐ この住所に送ってください。	이 주소로 보내 주세요.

☐ 私に伝言が届いていますか？	_{ナエゲ チョノニ ワ イッソヨ} 나에게 전언이 와 있어요?	
☐ クリーニングをお願いします。	_{セタク プッタッケヨ} 세탁 부탁해요.	
☐ アイロンをかけてください。	_{タリムジルル ヘ ジュセヨ} 다림질을 해 주세요.	
☐ 新聞を持ってきてください。	_{シンムヌル カジョワ ジュセヨ} 신문을 가져와 주세요.	
☐ コーヒーをポットで持ってきてください。	_{コピルル ポットゥチェロ} 커피를 포트째로 _{トゥルゴ ワ ジュセヨ} 들고 와 주세요. _{ホンチャ} ＊홍차（紅茶）	
☐ 部屋を掃除してください。	_{パヌル チョンソヘ ジュセヨ} 방을 청소해 주세요. _{ッパルリ チョンソヘ ジュセヨ} ＊빨리 청소해 주세요.（すぐに掃除してください）	
☐ 国際電話の使い方を教えてください。	_{クッチェチョナエ サヨンポブル} 국제전화의 사용법을 _{カルチョ ジュセヨ} 가르쳐 주세요.	
☐ ドライヤーを貸してください。	_{ドゥライオキルル ピルリョ ジュセヨ} 드라이어기를 빌려 주세요.	

社交編 / 日常生活編 / 外出編 / 冠婚葬祭編 / **旅行編** / 感情表現編

チェックアウト Disc2 18

- ☐ チェックアウトお願いします。
  체크아웃해 주세요.

- ☐ カードで支払います。
  ◎ 카드로 지불합니다.
  * 현금으로 (現金で)

- ☐ 預けた貴重品を返してください。
  맡겨둔 귀중품을 돌려주세요.

- ☐ ミニバーのウイスキーを2本飲みました。
  미니 바의 위스키를 2병 마셨어요.

- ☐ 荷物を4時まで預かってください。
  짐을 4시까지 맡아 주세요.

- ☐ タクシーを呼んでください。
  택시를 불러 주세요.

- ☐ 荷物をタクシーまで運んでください。
  짐을 택시까지 운반해 주세요.

ホテルでのトラブル　　　　　　　　　　　Disc2　19

□ カードキーを部屋の中に忘れてしまいました。
카드키를 방 안에 놓고 왔어요.

□ 部屋に忘れ物をしました。
방에 물건을 놓고 왔어요.

□ 電話が通じません。
전화가 통하지 않아요.

□ エアコンが効きません。
에어컨이 잘 안 들어요.

□ お湯が出ません。
뜨거운 물이 안 나와요.
＊ 화장실의 물이 안 나와요.
（トイレの水が流れません）

□ テレビが壊れています。
텔레비전이 고장 나있어요.

□ すぐに修理してください。
바로 수리해 주세요.

□ 計算が違っています。
계산이 틀렸어요.

□ 言われた料金と違います。
말씀하신 요금이랑 달라요.

3 街の中で

거리에서

道を尋ねる Disc2 20

- [ ] すみません。
  道を尋ねてもいいですか?

  ◎ 실례합니다.
  길을 물어봐도 될까요?

- [ ] すみません。
  ここに行きたいのですが。

  ◎ 실례합니다.
  여기에 가고 싶은데요.

  * 地図を指しながら使ってみてください。

- [ ] 駅はどこですか?

  역은 어디예요?

  * 레스토랑은 어디예요?(レストランはどこですか?)

- [ ] ソウルから
  どれくらいかかりますか?

  서울에서 어느
  정도 걸려요?

- [ ] ここから遠いですか?

  여기서 멀어요?

- [ ] 歩いて行けますか?

  걸어서 갈 수 있어요?

☐ このまままっすぐ行けばいいですか?	이대로 쭉 가면 돼요?
☐ 3つ目の信号を右ですね?	세 번째 신호에서 오른쪽이죠?

タクシー　　　Disc2　21

☐ タクシー乗り場はどこですか?	택시 타는 곳은 어디인가요?
☐ 空港までお願いします。	공항까지 가 주세요. * 이 호텔까지 가 주세요. （このホテルまで行ってください）
☐ 窓を開けてもいいですか?	창문을 열어도 돼요?
☐ トランクを開けてください。	트렁크를 열어 주세요.
☐ ここで待っていてください。	여기서 기다려 주세요.
☐ おつりはいりません。	잔돈은 필요 없어요.
☐ 料金がメーターと違います。	요금이 미터와 달라요.

地下鉄

- [ ] 新村まで2枚ください。

  신촌까지 2장 주세요.

- [ ] どこで乗り換えればいいですか？

  어디서 갈아타면 좋아요?

- [ ] ソウル駅方面はどちらのホームですか？

  서울역 방면은 어느 쪽 홈이에요?

- [ ] お金を入れたのに切符が出ません。

  돈을 넣었는데 표가 나오지 않아요.

- [ ] 切符を失くしてしまいました。

  표를 잃어버렸어요.

- [ ] 線路に物を落としてしまいました。

  선로에 물건을 떨어뜨려 버렸어요.

バス

Disc2 23

□ バスターミナルはどこですか?
　버스터미널은 어디예요?
　*표 파는 곳 (切符売り場)

□ 往復切符をください。
　왕복표를 주세요.

□ 江陵までいくらですか?
　강릉까지 얼마예요?

□ 大田までどれくらいかかりますか?
　대전까지 얼마나 걸려요?

□ バスの中に忘れ物をしてしまいました。
　버스 안에 물건을 두고 와 버렸어요.

□ 途中、休憩所に寄りますか?
　가는 도중, 휴게소에 들러요?

□ トイレ休憩はありますか?
　휴식 시간은 있어요?

観光名所・ツアー　　　　Disc2　24

☐ 大人2枚ください。
성인 2장 주세요.
ソンイン　トゥジャン　ジュセヨ

* 학생 2장 주세요.（学生2枚ください）
ハクセン トゥジャン ジュセヨ

☐ 何時までですか?
몇 시까지 해요?
ミョッ シッカジ　ヘヨ

☐ 日本語の案内書ありますか?
일본어로 된 안내서가 있어요?
イルボノロ　テン　アンネソガ　イッソヨ

☐ 館内ツアーはありますか?
관내 투어가 있어요?
クワンネ　トゥオガ　イッソヨ

* 관내에 카페가 있어요?
（館内にカフェはありますか?）
クワンネエ カペガ イッソヨ

☐ トイレはどこですか?
화장실은 어디예요?
ファジャンシルン　オディエヨ

* 엘리베이터（エレベーター） 휴게소（休憩所）
エルリベイト　　　　　　　　ヒュゲソ

☐ 荷物を預けたいのですが。
짐을 맡기고 싶은데요.
チムル　マッキゴ　シップンデヨ

☐ ツアーのパンフレットを
ください。
투어 팸플릿을 주세요.
トゥオ　ペムプルリッスル　ジュセヨ

☐ 市内観光ツアーに
申し込みたいのですが。
시내관광투어를
シネクワングワントゥオルル
신청하고 싶은데요.
シンチョンハゴ　シップンデヨ

☐ ツアーは何時間かかりますか？	_{トゥオヌン　ミョッ シガニナ　コルリョヨ} 투어는 몇 시간이나 걸려요?	
☐ 半日コースはありますか？	_{パンナジョル　コスガ　イッソヨ} 반나절 코스가 있어요?	
☐ 料金はいくらですか？	_{ヨグムン　オルマエヨ} 요금은 얼마예요?	
☐ 集合時間は何時ですか？	_{チッパプシガヌン　ミョッ シエヨ} 집합시간은 몇 시예요?	
☐ 集合場所はどこですか？	_{チッパプジャンソヌン　オディエヨ} 집합장소는 어디예요?	
☐ 日本語のガイドはつきますか？	_{イルボノ　ガイドゥガ　イッソヨ} 일본어 가이드가 있어요?	
☐ 食事はつきますか？	_{シクサ　ポハミンガヨ} 식사 포함인가요?	
☐ お土産を買う時間はありますか？	_{ソンムル　サル　シガヌン　イッソヨ} 선물 살 시간은 있어요?	
☐ 途中で降りることはできますか？	_{トジュンエ　ネリル　ス　イッソヨ} 도중에 내릴 수 있어요?.	

社交編

日常生活編

外出編

冠婚葬祭編

旅行編

感情表現編

写真を撮る　　　　　　　　　　　　　　　Disc2　25

- [ ] 撮ります。1・2・3。　　찍습니다. 하나, 둘, 셋.

- [ ] 写真を撮ってください。　　사진을 찍어 주세요.

- [ ] 後ろの建物と一緒に撮ってください。　　뒤에 있는 건물도 들어가게 찍어 주세요.

- [ ] ここを押してください。　　여기를 눌러 주세요.

- [ ] シャッターを押してもらってもいいですか？　　셔터를 눌러 주시겠어요?

- [ ] フラッシュをたいてください。　　플래시를 켜 주세요.

- [ ] もう1枚お願いします。　　1장 더 찍어 주세요.

- [ ] すぐに現像できますか？　　금방 현상 돼요?

- [ ] 何時に仕上がりますか？　　몇 시에 나오나요?

両替する　　Disc2　26

- [ ] 両替してください。　　환전해 주세요.
- [ ] 円をウォンに換えてください。　　엔을 원으로 바꿔 주세요.
- [ ] 計算書をください。　　계산서를 주세요.
- [ ] 今日のレートはいくらですか？　　오늘의 환율은 얼마예요?

値切り交渉をする　　Disc2　27

- [ ] いくらですか？　　얼마예요?
- [ ] 少しまけてください。　　좀 깎아 주세요.
- [ ] 2つ買うのでまけてください。　　두 개 사니까 깎아 주세요.
- [ ] 免税で買えますか？　　면세로 살 수 있어요?
- [ ] 税金還付申告書をください。　　세금환급 신고서를 주세요.

Column

韓国での交通手段

ソウル市内にはバスの路線が発達していますが、複雑に入り組み、乗りこなすのがとても難しいので、移動には地下鉄やタクシーを利用しましょう。ただし、一般タクシーに乗る場合は、他の人と相乗りになることもありますし、空港からの夜間タクシー利用などは料金トラブルも多いので、注意が必要です。空港からは、なるべくリムジンバスや地下鉄を利用するようにしましょう。

鉄道

日本語	韓国語(読み)	日本語	韓国語(読み)
地下鉄	지하철 (チハチョル)	駅	역 (ヨク)
入り口	입구 (イプク)	出口	출구 (チュルグ)
路線図	노선도 (ノソンド)	切符売り場	매표소 (メピョソ)
切符	표 (ピョ)	改札口	개찰구 (ケチャルグ)
往復	왕복 (ワンボク)	片道	편도 (ピョンド)
始発	첫차 (チョッチャ)	終電	막차 (マクチャ)

タクシー

日本語	韓国語(読み)	日本語	韓国語(読み)
タクシー	택시 (テクシ)	模範タクシー	모범택시 (モボムテクシ)
一般タクシー	일반택시 (イルバンテクシ)	行き先	가는 곳 (カヌン ゴ) / 행선지 (ヘンソンチ)
荷物	짐 (チム)		

Chapter 6

感情表現編

「ありがとう」から「どう思いますか?」まで、自分の気持ちや考えを表現するフレーズを集めました。趣味や好き嫌い、服装などについて話すフレーズもあります。友達を作って、会話のチャンスをさらに増やしていきたいですね。

1 基本のフレーズ

기본적인 표현

あいづち　　　　　　　　　　　　　　　　　Disc2 28

＊相手の話を聞くときに必ず使いますので、しっかり覚えましょう。日本式の「あ～」や「うん」といったあいづちは、なるべく使わないよう気をつけましょう。

□ はい。

^ネ
네.

^{イェ}
예.

＊예のほうがより丁寧ですが、日常では네が多く使われます。

□ うん。

^{ウン}
◆응.

＊目上の人には絶対に使ってはいけません。

□ そうですね。／そうなんですよ。

^{クレヨ}
그래요.

＊疑問形で用いると「そうですか?」の意味になります。

□ 違います。

^{アニエヨ}
아니에요.

＊~씨 예요? (~さんですか?)などの質問に対して違っているときに使う表現です。

□ いいえ。	アニヨ **아니요.**
	アニョ **아뇨.**
	＊日常会話では、아뇨など、言葉を縮めた略体形が多く使われます。
□ なるほど。	クヮヨン **과연.**
□ もちろんですよ。	ムルロニジョ **물론이죠.**
□ その通りです。	マジャヨ **맞아요.**
	＊「当たっています」のように、回答が正しいときにも使えます。
□ そうでしょう?	クロッチョ ◈**그렇죠?**
□ 分かりました。	チャル アルゲッスムニダ ◉**잘 알겠습니다.**
	チャル アラッソヨ **잘 알았어요.**
	＊알겠습니까? (分かりますか?)(意味は「分かりましたか?」)に対する答えとして使います。
□ よく分かりません。	チャル モルゲッスムニダ ◉**잘 모르겠습니다.**
□ え?	オ ◈**어?**

□ 何て言ったんですか？	◎ 뭐라고 말한 것입니까? *ムォラゴ* *マラン* *ゴシムニッカ* * 뭐라고요? （何ですって？） *ムォラゴヨ*	

□ もう一度おっしゃってください。
◎ 한 번 더 말씀해 주십시오.
ハン ボン ト マルスメ ジュシプシオ
* 한 번 더 설명해 주세요. （もう一度説明してください）
ハン ボン ト ソルミョンヘ ジュセヨ

□ 聞き逃してしまいました。
◎ 깜빡 듣지 못했습니다.
ッカムッパク トゥッチ モッテッスムニダ

□ もう少しゆっくり話していただけますか？
조금 천천히 말해 주실 수 있으세요?
チョグム チョンチョニ マレ ジュシル ス イッスセヨ

□ それで？
◆ 그래서?
クレソ

□ 続けてお話ししてください。
이어서 이야기해 주세요.
イオソ イヤギヘ ジュセヨ

□ 早く話してください。
빨리 말해 주세요.
ッパルリ マレ ジュセヨ
* 간결하게 말해 주세요. （簡潔に話してください）
カンギョラゲ マレ ジュセヨ

□ どういうことですか？
◎ 무슨 말입니까?
ムスン マリムニッカ

□ もう少し詳しく話していただけますか？
조금 더 자세히 말해 주실 수 있으세요?
チョム ト ジャセヒ マレ ジュシル ス イッスセヨ

話を変える・戻す　　Disc2 29

- [ ] ところで…。
  그런데….
  クロンデ

- [ ] 話題を変えましょう。
  화제를 바꾸죠.
  ファジェルル　パックジョ

- [ ] 話がそれましたね。
  이야기가 빗나갔네요.
  イヤギガ　ピンナカンネヨ

- [ ] 本題に入りましょう。
  ◉ 본론으로 들어갑시다.
  ボルロヌロ　トゥロカプシダ

- [ ] 蛇足ですが。
  덧붙여 말씀드리자면.
  トップッチョ　マルスムトゥリジャミョン

感嘆詞　　Disc2 30

- [ ] 本当?
  ◉ 정말?
  チョンマル

- [ ] どうして?
  ◉ 왜?
  ウェ

- [ ] へー!
  ◉ 허.
  ホ

- [ ] まさか!
  ◉ 설마!
  ソルマ

- [ ] 冗談でしょう?
  ◉ 농담하지 마.
  ノンダマジ　マ

- [ ] ありえない。
  ◉ 있을 수 없어.
  イッスル　ス　オプソ

☐ 信じられない。	◈ 믿을 수 없어.
☐ しまった。	◈ 아차.
☐ わっ!	◈ 어! ＊男性が使います。
☐ わっ!	◈ 와! ＊男女を問わず、使えます。
☐ あら!	◈ 어머! ＊女性が使います。
☐ 大変だ!	◈ 큰일이다.
☐ 驚いた。	◈ 놀랐어. ＊ 아! 놀랐어. (ああ! びっくりした)
☐ 驚かせないでよ。	◈ 놀래키지 마.
☐ からかわないでよ。	◈ 놀리지 마.
☐ ばかじゃないの?	◈ 바보 아냐?
☐ 心臓が止まるかと思った。	◈ 심장이 멈추는 줄 알았잖아.

2 ものごとの好き嫌い

好む　　　　　　　　　　　　　　　　　　　　　　Disc2　31

□ 好きです。
　チョアヘヨ
◈ 좋아해요.
　　チョアヘ
＊ 좋아해. (好きだよ)

□ 大好きです。
　ノム　　チョアヘヨ
　너무 좋아해요.

□ 1日中頭から離れません。
　オンジョンイル　モリッソグル　　　メムトラヨ
　온종일 머릿속을 맴돌아요.

□ 3度の飯より好きです。
　パム　モッキポダ　　チョアヘヨ
　밥 먹기보다 좋아해요.
　モンヌン　ゴッポダ　チョアヘヨ
＊ 먹는 것보다 좋아해요.
　（食べることより好きです）

□ ほれ込んでいます。
　（ぞっこんです）
　ホルッタク　パネッソヨ
　홀딱 반했어요.
　ク　アガッシエゲ　　ハン ヌネ　パネッソヨ
＊ 그 아가씨에게 한 눈에 반했어요.
　（彼女に一目ぼれしました）

□ 興味津々です。
　フンミジンジネヨ
　흥미진진해요.

□ 生きがいです。
　サヌン　　ポラムル　　ヌッキョヨ
　사는 보람을 느껴요.

嫌う　　　　　　　　　　　　　　　　　　　　Disc2　32

□ 好きじゃありません。	좋아하지 않아요. チョアハジ　アナヨ
□ いまいち。	◈ 아직 부족해. アジック　プジョッケ
□ 私の好みじゃありません。	내 취향이 아니에요. ネ　チュイヒャンイ　アニエヨ ＊취향（趣向） 　チュイヒャン
□ 嫌いです。	싫어해요. シロヘヨ
□ 見るのも嫌。	◈ 보는 것도 싫어. ポヌン　ゴット　シロ
□ 1番嫌いなタイプです。	제일 싫어하는 타입이에요. チェイル　シロハヌン　タイピエヨ
□ 嫌な奴。	◈ 싫은 녀석. シルン　ニョソク

224

趣味について

Disc2 33

□ 趣味は何ですか？

チュイミガ　ムォエヨ
취미가 뭐에요?

チュイミガ　ムォヤ
＊취미가 뭐야?（趣味は何?）

□ 海外旅行です。

フェウェ　ヨヘンイエヨ
해외 여행이에요.

クンネ　ヨヘンイエヨ
＊국내 여행이에요.（国内旅行です）

□ 音楽鑑賞です。

ウマㇰ　カムサンイエヨ
음악 감상이에요.

□ ゴルフが趣味です。

コルプガ　チュイミエヨ
골프가 취미예요.

チョンウォン　カックギガ　チュイミエヨ
＊정원 가꾸기가 취미예요.
（ガーデニングが趣味です）

□ テニスを少し。

テニスルル　チョグㇺ
◈ **테니스를 조금.**

テニスルル　チダ
＊테니스를 치다（テニスをする）

□ 映画が好きです。

ヨンファルル　チョアヘヨ
영화를 좋아해요.

□ サッカーを見るのが好きです。

チュックルル　ポヌン　ゴスル　チョアヘヨ
축구를 보는 것을 좋아해요.

カブキルル　ポヌン　ゴスル　チョアヘヨ
＊가부키를 보는 것을 좋아해요.
（歌舞伎を見るのが好きです）

ヌン　ゴスル　チョアハダ
＊動詞＋는 것을 좋아하다（～(す)るのが好き）
よく使うフレーズですので覚えておきましょう。

☐ 美術館に行くのが好きです。	미술관에 가는 것을 좋아해요.
	* 라이브 하우스에 가는 것을 좋아해요. （ライブハウスに行くのが好きです）
☐ 落語を聞くのが好きです。	만담을 듣는 것을 좋아해요.
☐ チャットで友達と 交流するのが好きです。	채팅에서 친구랑 교류하는 것을 좋아해요.
☐ カラオケによく行きます。	노래방에 잘 가요.
☐ 草野球をします。	동네 야구를 해요.
☐ ジム通いです。	헬스장에 다녀요.
☐ バンドを組んでいます。	밴드를 하고 있어요.
	* 도예를 하고 있어요.（陶芸をやっています）
☐ 油絵を習っています。	유화를 배우고 있어요.
☐ 家庭菜園で野菜を 育てています。	집 채소밭에서 채소를 기르고 있어요.
☐ 趣味はありません。	취미는 없어요.

食べ物について　　　Disc2 34

- [ ] 好きな食べ物は何ですか？

　　チョアハヌン　　ウムシギ　　ムォエヨ
　　좋아하는 음식이 뭐예요?

- [ ] チョコレートが好きです。

　　チョコルリッスル　チョアヘヨ
　　초콜릿을 좋아해요.

　　ッパヌル チョアヘヨ
　* 빵을 좋아해요.（パンが好きです）
　　トンカスルル　チョアヘヨ
　* 돈가스를 좋아해요.（とんかつが好きです）
　　ウル ルル チョアヘヨ
　* 을/를 좋아해요 直訳すると「～を好みます」。

- [ ] 寿司が好きです。

　　チョバブル　チョアヘヨ
　　초밥을 좋아해요.

　　キムパプ　　　　　　　スシ
　* 김밥（海苔巻）　스시（寿司）

- [ ] 和食が好きです。

　　イルシグル　チョアヘヨ
　　일식을 좋아해요.

　　イタルリア　ヨリルル　チョアヘヨ
　* 이탈리아 요리를 좋아해요.
　　（イタリアンが好きです）

- [ ] 甘いものが大好きです。

　　タン　ウムシグル　　クェンジャンヒ　チョアヘヨ
　　단 음식을 굉장히 좋아해요.

　　メウン ウムシグル チョアヘヨ
　* 매운 음식을 좋아해요.（辛いものが好きです）

- [ ] 嫌いな食べ物は何ですか？

　　シロハヌン　　ウムシギ　　ムォエヨ
　　싫어하는 음식이 뭐예요?

- [ ] 納豆が嫌いです。

　　ナットルル　シロヘヨ
　　낫토를 싫어해요.

☐ においのきついものが嫌いです。	냄새가 심한 것은 싫어요. ネムセガ シマン ゴスン シロヨ
☐ すっぱいものが嫌いです。	신 것을 싫어해요. シン ゴスル シロヘヨ
☐ 光り物が嫌いです。	등푸른생선을 싫어해요. ドゥンプルンセンソヌル シロヘヨ
☐ 脂っこい料理が苦手です。	기름진 음식은 잘 먹지 못해요. キルムチン ウムシグン チャル モクチ モッテヨ
☐ 生魚が食べられません。	날생선은 먹지 못해요. ナルセンソヌン モクチ モッテヨ
☐ 好き嫌いはありません。	음식을 안 가려요. ウムシグル アン カリョヨ
☐ 乳製品アレルギーです。	유제품 알레르기예요. ユジェプム アルレルギエヨ
☐ ベジタリアンです。	채식주의예요. チェシクチュイエヨ
☐ 好き嫌いが多くて困ります。	가리는 게 많아서 힘들어요. カリヌン ゲ マナソ ヒムドゥロヨ
☐ 食わず嫌いです。	먹어보지도 않고 싫어하는 거예요. モゴ ボジド アンコ シロハヌン ゴエヨ

服装について

- [ ] 今日の服どうかな？
  오늘 입은 옷, 어때요?

- [ ] よく似合っているよ。
  잘 어울려.

- [ ] すごくかわいい。
  굉장히 귀여워.

- [ ] 格好いい！
  멋있어!

- [ ] 微妙。
  미묘해.

- [ ] ダサい！
  촌스러워!

- [ ] おばさんっぽいよ。
  아줌마 같아.

  *애 같아.（子供っぽいよ）
  애は아이の縮約形。

- [ ] 裾が短すぎるよ。
  바지 길이가 너무 짧아.

- [ ] ちょっと地味かな？
  조금 수수한가?

- [ ] 派手すぎる。
  너무 화려해.

- [ ] 色がいまいちだね。
  색이 안 어울려.

☐ もう少し小さいサイズの ほうがいいみたい。	◈ 좀 더 작은 사이즈가 좋을 것 같아.
☐ 高そうに見える。	◈ 비싸 보여.
☐ どこで買ったの？	◈ 어디에서 샀어?
☐ いくらだった？	◈ 얼마였어?
☐ 何にでも合いそうだね。	◈ 뭐든 어울릴 것 같아.

人の性格について　　　Disc2　36

□ 彼はどんな性格ですか？
그 남자는 어떤 성격이에요?
(ク ナムジャヌン オットン ソンキョギエヨ)
* 어떤 사람이에요? (どんな人ですか？)
(オットン サラミエヨ)

□ いい人ですよ。
좋은 사람이에요.
(チョウン サラミエヨ)
* 인품이 좋아요. (人柄がいいです)
(インプミ チョアヨ)

□ 明るい人です。
밝은 사람이에요.
(パルグン サラミエヨ)
* 애교가 있어요. (愛嬌があります)
(エギョガ イッソヨ)

□ 信頼できる人です。
신뢰할 수 있는 사람이에요.
(シルレハル ス インヌン サラミエヨ)
* 믿을 만한 사람이에요. (信じられるだけの人です)
(ミドゥル マナン サラミエヨ)
同じ意味で使います。

□ 礼儀正しい人です。
예의 바른 사람이에요.
(イェイ パルン サラミエヨ)

□ そつがありません。
실수가 없어요.
(シルスガ オプソヨ)
* 야무지지 못해요. (頼りないです)
(ヤムジジ モッテヨ)
야무지다 (しっかりしている)
(ヤムジダ)

□ 責任感が強いです。
책임감이 강해요.
(チェギムカミ カンヘヨ)

社交編 | 日常生活編 | 外出編 | 冠婚葬祭編 | 旅行編 | 感情表現編

231

☐ 慎重派です。	シンジュンパエヨ 신중파예요.
☐ 大人しいです。	オルンスロウォヨ 어른스러워요.
☐ 社交的です。	サギョチョギエヨ 사교적이에요. スダルル チョアヘヨ ＊수다를 좋아해요.（おしゃべりです）
☐ とてもマメな男性です。	クェンジャンヒ ソンシラン ナムジャエヨ 굉장히 성실한 남자예요. クェンジャンヒ カジョンチョギン ヨジャエヨ ＊굉장히 가정적인 여자예요. （とても家庭的な女性です）
☐ 料理上手な女性です。	ヨリルル チャラヌン ヨジャエヨ 요리를 잘하는 여자예요.
☐ 明るくて優しい女性です。	パルコ チンジョラン ヨジャエヨ 밝고 친절한 여자예요. サンニャンハダ ＊상냥하다（柔和・にこやかだ） タジョンハダ 다정하다（多情だ・情が深い） オナハダ 온화하다（温和だ・穏やかだ）なども、「優しい」という意味で使えます。
☐ 彼は男友達が 　たくさんいます。	ク サラムン ナムジャ 그 사람은 남자 チングドゥリ マナヨ 친구들이 많아요. ク サラムン スポチュメニエヨ ＊그 사람은 스포츠맨이에요. （彼はスポーツマンです）

☐ 延世大学経営学部出身のエリートです。	연세대학교 경영학과 출신의 엘리트에요.
☐ きっとウマが合うと思います。	분명히 잘 맞을 것 같아요.
☐ 気が合うと思います。	성격이 맞을 거라고 생각해요. ＊ 말이 통할 거라고 생각해요. 　（話が合うと思います）
☐ 自己中心的です。	자기 중심적이에요. ＊ 제멋대로인 사람（自分勝手な人）
☐ 短気です。	성미가 급해요. ＊ 성급한 사람（せっかちな人）
☐ 頑固です。	완고해요. ＊ 고집쟁이（頑固者）　고집이 세다（我が強い）
☐ だらしないです。	칠칠치 못해요. ＊ 씀씀이가 헤픈 사람이에요. 　（お金にだらしない人です）
☐ 何を考えているか分かりません。	뭘 생각하는지 모르겠어요.

社交編 / 日常生活編 / 外出編 / 冠婚葬祭編 / 旅行編 / **感情表現編**

人の外見について

□ 外見はどうですか？

オットッケ センギョッソヨ
어떻게 생겼어요?

チャル センギョッソヨ
* 잘 생겼어요. (ハンサムです)

イェップゲ センギョッソヨ
예쁘게 생겼어요. (きれいです)

過去形を使って表現します。

□ やせています。

マルラッソヨ
말랐어요.

サルチョッソヨ
* 살쪘어요. (太っています)

トントンハン アギ
* 통통한 아기 (丸々とした赤ちゃん)

* 「やせた」「太った」という表現にも過去形を使います。

□ 背が高いです。

キガ コヨ
키가 커요.

チョボダ キガ チャガヨ
* 저보다 키가 작아요. (私より背が低いです)

□ 180センチくらいあります。

ペクパルシプセンティ ジョンドエヨ
180센티 정도예요.

□ がっちりしています。

タプジョヨ
다부져요.

ナルッシネヨ
* 날씬해요. (ほっそりしています・スリムです)

□ 80キロぐらいあるかもしれません。

パルシプキルロ ジョンド ナカルジド
80킬로 정도 나갈지도

モルラヨ
몰라요.

□ かわいいです。	_{クィヨプグンニョ} **귀엽군요.** _{クィヨプタ} ＊ 귀엽다は小さな子供を表現するのに用い、成人女 _{イエップネヨ} 性には 예쁘네요. を用います。 _{ミイニネヨ} ＊ 미인이네요.（美人です）	
□ イケメンです。	_{モシッソヨ} **멋있어요.** _{チャル センギョッソヨ} ＊ 잘 생겼어요. ＊直訳すると「（外見が）よく生まれました」という意味です。 _{イエップゲ センギョッソヨ} 女性に対しては 예쁘게 생겼어요.「きれいです」 （直訳：きれいに生まれました）という表現を使います。	
□ 健康的な印象です。	_{コンガンハン インサンイエヨ} **건강한 인상이에요.**	
□ 年齢より若く見えます。	_{ナイボダ オリョ ボヨヨ} **나이보다 어려 보여요.** _{シルチェ ナイボダ ナイ トゥロ ボヨヨ} ＊ 실제 나이보다 나이 들어 보여요. （歳より老けて見えます） _{チョルモ ボイダ} ＊ 젊어 보이다（若く見える）年配の人に対して。 _{オリョ ボイダ} 어려 보이다（幼く見える）年齢が若い人に対して。	
□ 目が大きくてぱっちり 　しています。	_{ヌニ クゴ マルガヨ} **눈이 크고 맑아요.** _{ッサンッコプリ オプコ キルゲ ッチェジン ヌニエヨ} ＊ 쌍꺼풀이 없고 길게 째진 눈이에요. （一重で切れ長の目をしています）	
□ 鼻が高いです。	_{コガ ノッパヨ} **코가 높아요.** _{タリガ キロヨ} ＊ 길다리가 길어요.（足が長いです）	

社交編 / 日常生活編 / 外出編 / 冠婚葬祭編 / 旅行編 / 感情表現編

235

연애

3 恋愛

好意を表現する　　Disc2 38

□ 彼女は素敵な人ですね。
그 아가씨는 멋진 사람이네요.

□ すごいタイプ!
◆ 완전 타입!

* 그 남자는 제 이상형이에요.
（彼は私の理想のタイプです）

이상형（理想形）

□ 彼のことが好きです。
그 남자를 좋아해요.

* 그 아가씨가 좋아졌어요.
（彼女が好きになりました）

* 小説などではユ（彼）を使いますが一般会話では
「彼」の代わりにユ 남자（その男）を使います。
그녀（彼女）も小説などでだけ使われ、一般会話では
그 아가씨 や 그 여자がよく使われます。

□ 彼のことばかり考えています。
그 남자 생각만 하고 있어요.

* 그 아가씨가 마음에 걸려서 어쩔 수 없어요.
（彼女のことが気になって仕方ないんです）

* 그 사람 말고는 상상이 안 돼.
（彼以外は考えられない）

好意を伝える　　　　　　　　　　　　　　Disc2　39

□ 友達になってくれませんか？
　チングガ　テジュルレヨ
　친구가 돼줄래요?

□ 付き合っている人は
　いますか？
　サグィヌン　サラム　イッソヨ
　사귀는 사람 있어요?
　イッスセヨ
　* 있으세요? (いらっしゃいますか?)

□ 好きな人はいますか？
　チョアハヌン　サラム　イッソヨ
　좋아하는 사람 있어요?

□ メールアドレスを
　教えてください。
　メイル　オドゥレスルル
　메일 어드레스를
　アルリョ　ジュセヨ
　알려 주세요.

□ 電話をかけてもいいですか？
　チョナ　コロド　テルッカヨ
　전화 걸어도 될까요?

□ 君のことをもっと知りたい。
　タンシヌル　トウク　アルゴ　シッポヨ
　당신을 더욱 알고 싶어요.

□ あなたが好きです。
　タンシニ　チョアヨ
　당신이 좋아요.

□ 付き合ってください。
　サグィオ　ジュセヨ
　사귀어 주세요.
　テイトゥヘ　ジュセヨ
　* 데이트해 주세요. (デートしてください)

□ ずっと好きでした。
　イジョンプト　ケソク　チョアヘッソヨ
　이전부터 계속 좋아했어요.
　チョウム　パッスル　ッテプト　ケソク　センガッケッソッソ
　* 처음 봤을 때부터 계속 생각했었어.
　(初めて見たときからずっと思っていたんだ)

社交編　日常生活編　外出編　冠婚葬祭編　旅行編　感情表現編

□ 一目ぼれだったんだ。 ◆ 한눈에 반했던 거였어.

□ こんなに人を好きに
なったのは初めてです。
이렇게 사람을 좋아하게 된 건 처음이에요.

□ あなたのことしか
考えられない。
◆ 너밖에 생각할 수 없어.

* 너 없이는 살 수 없어.
（君なしでは生きていけない）

□ 君との出会いは
運命だったんだ。
◆ 당신과 만난 건 운명이었던 거야.

□ よりを戻したい。 ◆ 재결합하고 싶어.

□ もう、やり直せないの？ ◆ 이젠 내게 다시 돌아오지 못하는 거야?

* 내게 다시 돌아와 줘.
（私のところにもう一度戻ってきて）

□ 彼女があなたに片思い
しているみたいですよ。
그 아가씨가 당신을 짝사랑하고 있는 것 같아요.

告白への返答 　　Disc2　40

□ 私も好きでした。　　저도 좋아했어요.
* 저도요. (私もです)

□ いいですよ。　　좋아요

□ 結婚しているんですよ。　　결혼했어요.
* 必ず過去形を使います。

□ 彼氏がいるんです。　　남자친구가 있어요.
* 지금 사귀는 사람이 있어요.
　(今、付き合っている人がいるんです)

□ 他に好きな人がいるんです。　　따로 좋아하는 사람이 있어요.

□ 彼のことが忘れられないの。　　◇ 그 사람을 못 잊겠어.

□ 恋愛感情はもてない。　　◇ 연애감정을 가질 수 없어.

□ ごめんなさい。　　◇ 미안해.
　友達としか思えない。　　친구로밖에 생각할 수 없어.

□ 友達のままでいよう。　　◇ 친구로 지내자.

☐ 別れて欲しい。	◈ 헤어지고 싶어.
☐ 他に好きな人ができちゃったんだ。	◈ 좋아하는 사람이 생겨버렸어.
☐ 好きじゃなくなった。	◈ 좋아하지 않게 됐어.
☐ もう2度と顔も見たくない。	◈ 다시는 얼굴도 보고 싶지 않아.
☐ あなたにふさわしい人が現われますよ。	당신에게 어울리는 사람이 나타날 거예요.
☐ 私よりもいい人がいますよ。	저보다 좋은 사람이 있을 거예요.
☐ 幸せにね。	◈ 행복해야 해.

4 ポジティブな感情を伝える

포지티브/긍정적인 마음

嬉しさ・楽しさ　　　　　　　　　　Disc2　41

□ うれしいです。
キッポヨ
기뻐요.

　* キッポ
　　기뻐! (うれしい!)

　* クゴスル　トゥロソ　キッポヨ
　　그것을 들어서 기뻐요.
　　(それを聞いて嬉しいです)

□ 楽しいです。
チュルゴウォヨ
즐거워요.

□ 面白いです。
チェミッソヨ
재밌어요.

□ やったー!!
テッタ
◆ **됐다!!**

□ わーい。
ワ〜
◆ **와〜.**

□ わくわくします。
トゥグントゥグネヨ
두근두근해요.

　* トゥグンコリョヨ
　　두근거려요. (どきどきします)

□ 夢みたい。
ックム　カッタ
◆ **꿈 같아.**

　* マンセ
　　만세!! (万歳!)

社交編　日常生活編　外出編　冠婚葬祭編　旅行編　感情表現編

☐ こんなにうれしいことはありません。	이렇게 기쁜 일은 없어요.
☐ うれしくて涙が出そうです。	너무 기뻐서 눈물이 나올 것 같아요.
☐ 頑張った甲斐がありました。	열심히 한 보람이 있었어요.

感動　Disc2 42

☐ きれい!	◆ 예뻐!
☐ 素敵!／素晴らしい!	◆ 멋져!
☐ 格好いいね。	◆ 멋있어.
☐ 感動的ですね。	감동적이네요.
☐ 感動しました。	감동했어요.
☐ とても感激しています。	매우 감동하고 있어요.
☐ 涙が止まりませんでした。	눈물이 멈추지 않았어요.

満足　　　　　　　　　　　　　　　Disc2　43

- 満足しました。　　　만족했어요.
- 大満足です。　　　　대만족이에요.
- 十分です。　　　　　충분해요.
- お腹いっぱいです。　배불러요.
- 期待通りでした。　　기대 한 대로였어요.
- 皆さん喜んでいらっしゃいます。　모두 기뻐하고 계세요.

  *만족해 준 것 같아.
  （満足してくれたみたい）

リラックス・安心　　　　　　　　　Disc2　44

- ほっとします。　　　한숨 놓았어요.
- 気持ちが落ち着きます。　기분이 안정돼요.
- リラックスできます。　릴랙스 할 수 있어요.
- 優しい気持ちになります。　온화한 기분이 돼요.

社交編 / 日常生活編 / 外出編 / 冠婚葬祭編 / 旅行編 / 感情表現編

243

☐ 一緒にいると安らぎます。		같이 있으면 마음이 편안해져요.
☐ 癒し系だね。	◆	기분 좋아지는 타입이야.
☐ ふぅ。	◆	후.
☐ やれやれ。	◆	아이구. * 이런. でも同じ意味になります。
☐ ああ、よかった!	◆	아, 잘 됐어.
☐ それを聞いて安心しました。		그 말을 듣고 안심했어요.
☐ これなら安心だね。	◆	이거라면 안심이야.
☐ 危ないところだったね。	◆	위험하던 찰나였어.
☐ どうなることかと思った。	◆	어떻게 되나 생각했어.
☐ これで安心して眠れるよ。	◆	이것으로 안심하고 잘 수 있어.
☐ 一息つけるね。	◆	한숨 돌릴 수 있겠네

自信

□ 簡単ですよ。
カンダネヨ
간단해요.

□ 楽勝です。
ナクスンイエヨ
낙승이에요.

クロン ゴスン シグン チュク モッキエヨ
* 그런 것은 식은 죽 먹기예요.
(そんなのは朝飯前です)

直訳すると「そんなことは冷めた粥を食べるようなものだよ」の意味。熱いお粥は早く食べられないけれど、冷めたお粥はすぐに食べられることから来たことわざです。

シグン チュク
식은 죽（冷えた粥）

□ 任せてください。
マッキョ ジュセヨ
맡겨 주세요.

チキョボァ ジュセヨ
* 지켜봐 주세요.（見ていてください）

□ 自信があります。
チャシニ イッソヨ
자신이 있어요.

□ 体力には自信があります。
チェリョゲヌン チャシン イッソヨ
체력에는 자신 있어요.

キオンニョゲ キスル
* 기억력에（記憶力） 기술（技術）

□ 心配ありません。
コクチョン オプソヨ
걱정 없어요.

□ 大船に乗った気分でいてください。
マウム ノッコ ケセヨ
마음 놓고 계세요.

社交編 | 日常生活編 | 外出編 | 冠婚葬祭編 | 旅行編 | 感情表現編

懐かしさ

Disc2 46

□ 久しぶりだね。
◈ 오랜만이야.

□ 懐かしい。
◈ 그리워.

□ 昔を思い出すね。
◈ 옛날 일이 생각나.

□ 懐かしい曲が流れています。
그리운 곡이 나오고 있어요.

□ 懐かしい顔ぶれだね。
◈ 그리운 멤버야.

□ あの頃に戻りたいね。
그때로 돌아가고 싶어.

□ そんなこともあったね。
◈ 그런 적도 있었네.

＊ 같이 갔지.
（一緒に行ったね）

□ そんな人もいたね。
◈ 그런 사람도 있었지.

□ 先生はどうしているかな？
선생님은 어떻게 하고 계실까?

□ 同窓会に行く？
◈ 동창회에 가?

5 ネガティブな感情を伝える

네거티브/부정적인 마음

困惑　　　　　　　　　　　　　　　　　　　　Disc2　47

- どうしていいか分かりません。
  어쩌면 좋을지 모르겠어요.

- 困っています。
  곤란해요.
  * 어찌할 바를 모르겠어요.（途方に暮れています）
  * 곤란하게 됐어.（困ったことになったよ）

- 悩んでいます。
  고민하고 있어요.
  * 결심을 할 수 없어요.（決心がつきません）
  * 몰라.（分からないよ）

- 私の手に負えません。
  나에겐 힘부치는 일이에요.
  * 내게는 무리에요.（私には無理です）

- 頭痛の種だよ。
  ◆ 걱정거리야.

- 道に迷いました。
  길을 헤맸어요.
  * 진로로 망설이고 있어요.（進路に迷っています）

☐ 手の打ちようがありません。	손 쓸 방법이 없어요.
	* 전망이 없어요.（見込みはありません）
☐ お手上げです。	항복이에요.
	* 어쩔 수 없어요.（どうにもできない）

不安・心配　　　Disc2　48

☐ 不安です。	불안해요.
☐ 不安だらけです。	불안 투성이에요.
☐ 心配です。	걱정이에요.
☐ 心配性なんです。	걱정을 많이 해요.
	* 걱정 때문에 심장이 떨려요. （心配で心臓がどきどきしています）
☐ 何もなければいいけど…。	아무 일도 없으면 좋으련만….
☐ 不安で眠れません。	불안해서 잠이 안 와요.

緊張

□ ドキドキします。	두근두근해요.
	*두근거려요. でも同じ意味になります。
□ 緊張しています。	긴장하고 있어요.
□ 自信がないんです。	자신이 없어요.
□ 心臓がばくばくしています。	심장이 두근두근하고 있어요.
□ 逃げ出したいくらいです。	도망치고 싶은 정도예요.
□ 頭の中が真っ白です。	어릿속이 새하얘요.
□ 冷や汗が出ます。	식은땀이 나요.
□ 足ががたがた震えます。	나리가 덜덜 떨려요.
□ 顔が引きつっちゃう。	◆얼굴에 경련이 나.
□ 頭が上がりません。	◎고개를 들 수가 없습니다.

恥ずかしさ　　　Disc2　50

- ☐ 恥ずかしいです。
  부끄러워요.
  *부끄럼장이에요. (恥ずかしがり屋なんです)

- ☐ 見ないでください。
  보지 말아 주세요.
  *그런 얘기 하지 말아 주세요.
  (そんな話しないでください)

- ☐ お世辞言わないでください。
  입에 발린 소리 하지 말아 주세요.

- ☐ なかったことにしてください。
  없던 일로 해 주세요.

- ☐ 穴があったら入りたいです。
  구멍이 있으면 들어가고 싶어요.

- ☐ それは言わない約束です。
  그것은 말하면 안 되는 약속이에요.

恐怖

□ 怖い!	◈무서워!
□ きゃー!	◈꺄!
□ 気持ち悪い!	◈기분 나빠!
□ 鳥肌が立ちました。	닭살이 돋았어요.
□ ぞっとします。	소름이 끼쳐요.
□ 脅かさないでください。	놀래키지 말아 주세요.
□ 怖いのは苦手なんです。	무서운 것은 싫어해요.

非難・怒り　　　　　　　　　　　　　　　　　　Disc2　52

- □ 邪魔しないでください。
　パンヘハジ　　マラ　　ジュセヨ
　방해하지 말아 주세요.

- □ いったい どういうことですか？
　テチェ　ムォエヨ
　대체 뭐예요?
　　テチェ　オットッケ　テン　ゴエヨ
　＊ 대체 어떻게 된 거예요?
　　（いったいどうなっているんですか？）

- □ いい加減にしてください。
　オジカニ　　チョム　ハセヨ
　어지간히 좀 하세요.

- □ もう我慢の限界です。
　イジェ　チャムヌン　ゴット　ハンゲエヨ
　이제 참는 것도 한계예요.
　　イジェ　クマネ　ジュセヨ
　＊ 이제 그만해 주세요. (もう勘弁してください)

- □ よくもそんな口が きけますね！
　チャルド　クロッケ　マラネヨ
　잘도 그렇게 말하네요!

- □ さっきそう言ったでしょう！
　チョム　ジョネ　クロッケ　マレッチャナ
　◈ 좀 전에 그렇게 말했잖아!

- □ 人の話をよく聞きなさい！
　サラム　マルル　チャル　トゥロ
　◈ 사람 말을 잘 들어!

- □ 余計なお世話です。
　ッスルテオムヌン　チャムギョニエヨ
　쓸데없는 참견이에요.

- □ 言い訳は聞きたく ありません。
　ビョンミョンウン　トゥッコ　シプチ　アナヨ
　변명은 듣고 싶지 않아요.
　　イジェ　ワソ　フフェヘド　ヌジョ
　＊ 이제 와서 후회해도 늦어.
　　（いまさら悔やんでも遅いよ）

252

☐ 責任者を呼んでください。	_{チェギムチャルル プルロ ジュセヨ} 책임자를 불러 주세요.	
☐ 今すぐ、出て行ってください。	_{チグム タンジャン ナカ ジュセヨ} 지금 당장 나가 주세요. _{タシヌン マンナゴ シプチ アナヨ} * 다시는 만나고 싶지 않아요. （2度と会いたくありません）	
☐ ばかばかしい。	_{パボ カッタ} ◆ 바보 같아.	
☐ むかつく!	_{ヨルパダ} ◆ 열받아! _{ファガナ} * 화가 나!（腹立たしい!） _{ヨルパダ} * 열받아!（頭にきた!）	
☐ ひどい!	_{シマダ} ◆ 심하다!	
☐ ごまかすな!	_{オルボムリジ マ} ◆ 얼버무리지 마!	
☐ あいつ!	_{ク ニョソク} ◆ 그 녀석! _{キオッケ} * 기억해!（覚えてろ!） _{ファガ カラアンチ アナ} * 화가 가라앉지 않아!（腹の虫が収まらない!）	
☐ うるさい!	_{シックロウォ} ◆ 시끄러워! _{タクチョ} * 닥쳐!（だまれ!） _{チョンアルチョンアル マラジ マ} * 종알종알 말하지 마!（ごちゃごちゃ言うな!）	

悔しさ・落胆

悔しい!	억울해!
もう少しだったのに。	거의 다 됐었는데, 아깝다.
こんなはずじゃなかったのですが…。	이러려고 한 게 아니었는데….
今度こそ勝ってみせる。	다음엔 반드시 이겨 보이겠어.
次は絶対やってみせる。	다음은 절대로 이기겠어.
悔しさをばねにして頑張ろう。	분함을 발판 삼아 힘내자.
運が悪かったのかな?	운이 나빴던 걸까?
残念です。	아쉬워요.
がっかりしました。	실망했어요.
期待はずれでした。	기대에 못 미쳤어요.
どうしようもないよ。	어쩔 수 없어.

□ あきらめました。	^{ポギヘッソヨ} 포기했어요.
□ 仕方ないね。	^{パンボビ　オプソ} ◈방법이 없어.
□ 情けない。	^{ハンシメ} ◈한심해.

退屈　　　　　　　　　　Disc2　54

□ 退屈です。	^{シムシメヨ} 심심해요.
□ 飽き飽きします。	^{シルチュン　ナヨ} 싫증 나요.
□ うんざりします。	^{チギョウォヨ} 지겨워요.
□ 眠くなってしまいます。	^{チャゴ　シッポジョヨ} 자고 싶어져요.
□ 時間とお金の無駄ですね。	^{シガニラン　トニ　アッカウォヨ} 시간이랑 돈이 아까워요.
□ お勧めできません。	^{インジョンハル　ス　オプソヨ} 인정할 수 없어요.

＊「認められません」という意味です。

無関心　　　　　　　　　　　　　　　　　　　Disc2　55

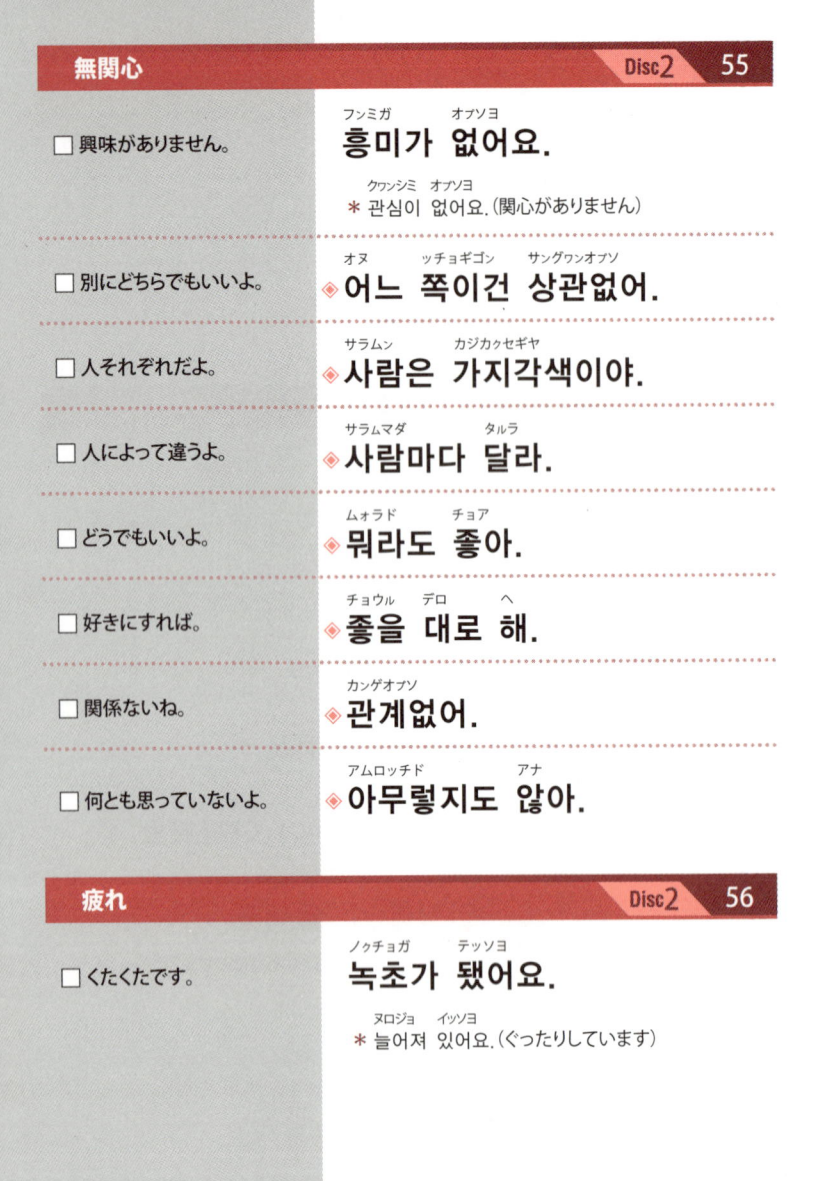

- □ 興味がありません。
  흥미가 없어요.
  *관심이 없어요.（関心がありません）

- □ 別にどちらでもいいよ。
  ◆ 어느 쪽이건 상관없어.

- □ 人それぞれだよ。
  ◆ 사람은 가지각색이야.

- □ 人によって違うよ。
  ◆ 사람마다 달라.

- □ どうでもいいよ。
  ◆ 뭐라도 좋아.

- □ 好きにすれば。
  ◆ 좋을 대로 해.

- □ 関係ないね。
  ◆ 관계없어.

- □ 何とも思っていないよ。
  ◆ 아무렇지도 않아.

疲れ　　　　　　　　　　　　　　　　　　　Disc2　56

- □ くたくたです。
  녹초가 됐어요.
  *늘어져 있어요.（ぐったりしています）

☐ 疲れています。	피곤해요.	
	* 지쳤어요. でも同じ意味になります。	
☐ 最近疲れやすいんです。	최근 금방 지쳐요.	
☐ 休みが全然取れないんです。	쉬는 날을 전혀 잡을 수 없어요.	
☐ 疲れが全然取れません。	피로가 전혀 안 가셔요.	
	* 자도 피로가 없어지지 않아요. 자도 피로가 가시지 않아요. どちらも「寝ても疲れが取れません」の意味。	
☐ 夏バテです。	더위 먹었어요.	
☐ 心身ともに疲労のピークです。	심신이 다 피로의 절정이에요.	
	* 절정(絶頂)	
	* 피곤해서 죽을 것 같아요. (疲れて死にそうです)	
☐ 精神的に疲れています。	정신적으로 피곤해요.	

憂鬱　　　　　　　　　　　　　　　　　　　　Disc2　57

- ☐ 憂鬱です。
  우울해요.

- ☐ 何もしたくありません。
  아무것도 하고 싶지 않아요.

- ☐ 何も考えたくありません。
  아무것도 생각하고 싶지 않아요.

- ☐ むなしいです。
  공허해요.
  * 보람이 없어요. でも同じ意味になります。
  * 보람이 없다（甲斐がない）

- ☐ 気が重いです。
  마음이 무거워요.
  * 기운이 안 나요.（元気が出ないんです）

- ☐ 考えると頭が痛い。
  ◆생각하면 머리가 아파.

- ☐ 会社に行きたくありません。
  회사에 가고 싶지 않아요.

- ☐ 何をやっても無駄な気がします。
  뭘 해도 소용 없을 것 같아요.

寂しさ・悲しさ

Disc2 58

- ☐ お別れするのは寂しいです。

  헤어지는 것은 쓸쓸해요.

- ☐ 寂しいです。

  외로워요.

  * 혼자 사는 것은 외로워요.
  （1人暮らしは寂しいです）

- ☐ 孤独です。

  고독해요.

- ☐ 1人ぼっちになってしまいました。

  외톨이가 되어 버렸어요.

- ☐ 友達がいません。

  친구가 없어요.

  * 외톨이예요.（1人ぼっちです）

- ☐ とても悲しいです。

  너무 슬퍼요.

- ☐ 言葉になりません。

  말로 표현할 수 없어요.

- ☐ 泣きそう。

  ◈ 울 것 같아.

☐ 涙が止まりません。	눈물이 멈추지 않아요.	ヌンムリ モムチュジ アナヨ
☐ 胸が張り裂けそう。	◈ 가슴이 터질 것 같아.	カスミ トジル コッ カッタ
☐ こんなことになるなんて。	◈ 이렇게 되다니.	イロッケ テダニ
	∗ 믿을 수 없어. (信じられない)	ミドゥル ス オプソ
☐ これからどうすればいいの?	◈ 이제부터 어쩌면 좋아?	イジェブト オッチョミョン チョア
☐ この現実を受け入れることができません。	◈ 이 현실을 받아들일 수 없어.	イ ヒョンシルル パダトゥリル ス オプソ
☐ 絶望的です。	절망적이에요.	チョルマンチョギエヨ
	∗ 앞길이 캄캄해요. (お先真っ暗です)	アプキリ カムカメヨ

6 気持ちを伝える

마음을 전하는

感謝する

Disc2 59

□ ありがとうございます。
◎ 감사합니다.
　カムサハムニダ

□ ありがとう。
◆ 고마워.
　コマウォ

＊ 여러 가지로 고마워. (いろいろとありがとう)
　ヨロ　カジロ　コマウォ

□ お世話になりました。
◎ 신세 졌습니다.
　シンセ　チョッスムニダ

□ おかげさまで。
덕분에.
トップネ

□ あなたのおかげです。
◎ 당신 덕분입니다.
　タンシン　トップニムニダ

□ お気遣いありがとうございます。
◎ 신경 써 주셔서 감사합니다.
　シンギョン　ッソ　ジュショソ　カムサハムニダ

□ お力添えに感謝いたします。
◎ 힘 써주셔서 감사드립니다.
　ヒム　ッソジュショソ　カムサドゥリムニダ

□ お礼の言葉もありません。
◎ 드릴 말씀이 없습니다.
　トゥリル　マルッスミ　オプスムニダ

□ 恩に着るよ。
◆ 은혜는 잊지 않을게.
　ウネヌン　イッチ　アヌルッケ

□ 助かったよ。
◆ 도움이 됐어.
　トウミ　テッソ

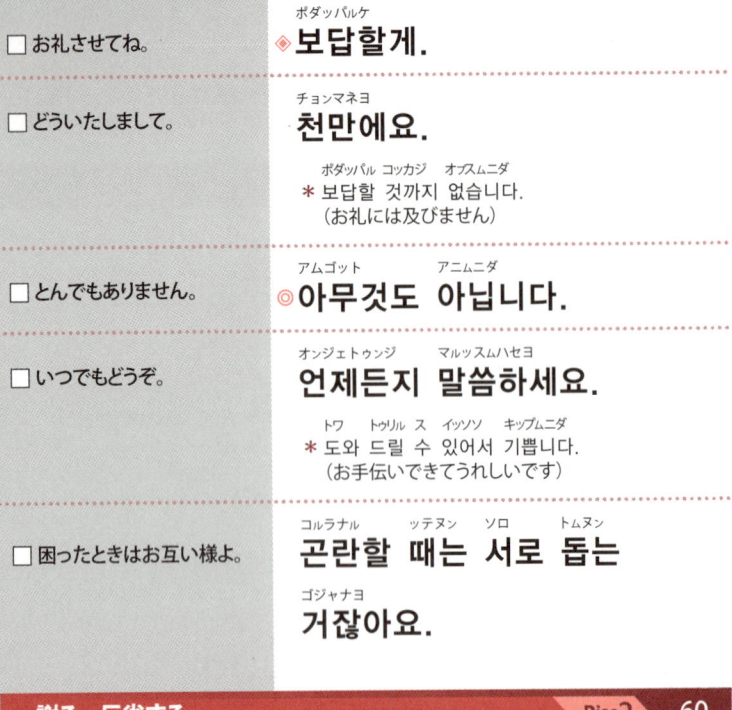

☐ お礼させてね。	◉보답할게.	ポダッパルケ
☐ どういたしまして。	천만에요.	チョンマネヨ
	*보답할 것까지 없습니다. (お礼には及びません)	ポダパル コッカジ オプスムニダ
☐ とんでもありません。	◉아무것도 아닙니다.	アムゴット アニムニダ
☐ いつでもどうぞ。	언제든지 말씀하세요.	オンジェトゥンジ マルッスムハセヨ
	*도와 드릴 수 있어서 기쁩니다. (お手伝いできてうれしいです)	トワ トゥリル ス イッソソ キップムニダ
☐ 困ったときはお互い様よ。	곤란할 때는 서로 돕는 거잖아요.	コルラナル ッテヌン ソロ トムヌン ゴジャナヨ

謝る・反省する　　　　　　　　Disc2　60

☐ すみません。	◉죄송합니다.	チェソンハムニダ
☐ ごめんなさい。	◉미안합니다.	ミアナムニダ
☐ 大変失礼いたしました。	◉대단히 실례했습니다.	テダニ シルレヘッスムニダ
☐ ご迷惑をおかけいたしました。	◉폐를 끼쳤습니다.	ペルル ッキッチョスムニダ

262

□ 私のせいです。	◎ 제 탓입니다.	
□ 私が間違っていました。	◎ 제가 잘 못 했습니다.	
□ 後悔しています。	◎ 후회하고 있습니다. * 반성하고 있어요.（反省しています）	
□ そんなつもりではありませんでした。	◎ 그럴 생각이 아니었습니다.	
□ うかつでした。	멍청했어요. * 경솔했습니다.（軽率でした）	
□ 度が過ぎました。	도가 지나쳤어요.	
□ 何とお詫びしてよいか分かりません。	◎ 뭐라고 사죄의 말씀을 드려야 할지 모르겠습니다.	
□ 今後そのようなことがないよう気をつけます。	◎ 이후에는 이런 일이 없도록 조심하겠습니다.	
□ どうか許してください。	용서해 주세요.	

許す

Disc2 61

- [ ] もう、いいですよ。
◎ 이제 됐습니다.

- [ ] 気にしていませんよ。
신경 쓰지 않아요.
  * 신경 쓰지 마세요. (気にしないでください)

- [ ] お互い様です。
피차일반이에요.

- [ ] いいよ。／構わないよ。
◆ 괜찮아.

- [ ] 忘れて。
◆ 잊어버려.

- [ ] 謝るのは私のほうです。
사과드릴 쪽은 저예요.

- [ ] なかったことにしましょう。
◎ 없던 일로 합시다.

- [ ] 争うのはやめましょう。
◎ 싸우는 것은 그만 합시다.
  * 싸움은 그만 합시다. (喧嘩はやめましょう)

- [ ] この次からは気をつけてください。
다음부터는 조심해 주세요.

- [ ] これからは仲良くやって行きましょう。
◎ 이제부터는 사이 좋게 지냅시다.

許可を求める・依頼する

使ってもいいですか？	◎ 사용해도 괜찮습니까?
	* 써도（使っても）
借りてもいいですか？	◎ 빌려도 되겠습니까?
電話してもいいですか？	전화해도 괜찮아요?
タバコを吸ってもいいですか？	담배를 피워도 괜찮아요?
ここで写真を撮ってもいいですか？	여기서 사진을 찍어도 괜찮아요?
	* 여기 앉아도 괜찮아요?（ここに座ってもいいですか？）
お願いがあるのですが。	부탁이 있는데요.
お願いしてもいいですか？	◎ 부탁해도 괜찮습니까?
教えてもらえますか？	가르쳐 주실 수 있으세요?
手伝ってもらえませんか？	도와주실 수 있으세요?

☐ 助けて欲しいんですが…。	도와줬으면 하는데….
☐ よろしくお願いします。	◎ 잘 부탁드립니다. ＊ 부탁드립니다.（お願いします）
☐ 代わりに行ってもらってもいいですか?	대신 가줄 수 있으세요? ＊ 대신 써줄 수 있으세요? （代わりに書いてもらってもいいですか?）
☐ もう帰ってもいいですか?	이제 돌아가도 괜찮아요?

承諾する　　　　　　　　　　Disc2　63

☐ 構いませんよ。	괜찮아요.
☐ いいですよ。	◎ 좋습니다.
☐ 問題ありません。	문제없어요.
☐ もちろんです。	물론이에요.

同意・賛成する

- そうですね。
  그렇네요. [クロンネヨ]

- いいですね。
  ◎ 좋습니다. [チョッスムニダ]

- それはいい。
  ◆ 그것은 좋아. [クゴスン チョア]

- そうしましょう。
  ◎ 그렇게 합시다. [クロッケ ハプシダ]

- そう思います。
  ◎ 그렇게 생각합니다. [クロッケ センガッカムニダ]

- 同感です。
  ◎ 동감입니다. [トンガミムニダ]

- 賛成です。
  ◎ 찬성입니다. [チャンソンイムニダ]
  * 찬성합니다. （賛成します） [チャンソンハムニダ]

- いい考えですね。
  ◆ 좋은 생각이네. [チョウン センガギネ]

- 素晴らしいアイデアです。
  ◎ 대단한 아이디어입니다. [テダナン アイディオイムニダ]

- その通りです。
  ◎ 그 말 그대로입니다. [ク マル クデロイムニダ]
  * 맞는 말입니다. （おっしゃる通りです） [マンヌン マリムニダ]

反対する

それは違います。	그것은 다릅니다.
そうは思いません。	그렇다고 생각하지 않습니다.
やめたほうがいいと思います。	그만두는 편이 좋다고 생각합니다.
あなたは間違っています。	당신은 틀렸습니다.
賛成できません。	찬성할 수 없습니다.
反対です。	반대입니다.
	* 반대합니다. (反対します)
無理です。	무리입니다.
ダメです。	안 됩니다.
そうできればいいんですが。	그렇게 되면 좋습니다만.
そんなこと言っていません。	그런 거 말한 적 없습니다.

☐ そんなはずがありません。	◎ 그럴 리가 없습니다.
	* 그럴 일이 없습니다. (そんなことはありません)
☐ とんでもない話です。	◎ 말도 안 되는 이야기입니다.
☐ 道理にかなっていません。	◎ 도리에 맞지 않습니다.

理由を尋ねる　　Disc2　66

☐ どうしてですか？	◎ 어째서입니까?
	* 왜요? (なぜですか？)
☐ 理由を話してください。	이유를 말해 주세요.
☐ 何のために？	무엇을 위해?
	* 누구를 위해? (誰のために？)
☐ 何の目的で？	무슨 목적으로?
☐ 原因は何なんですか？	◎ 원인은 무엇입니까?

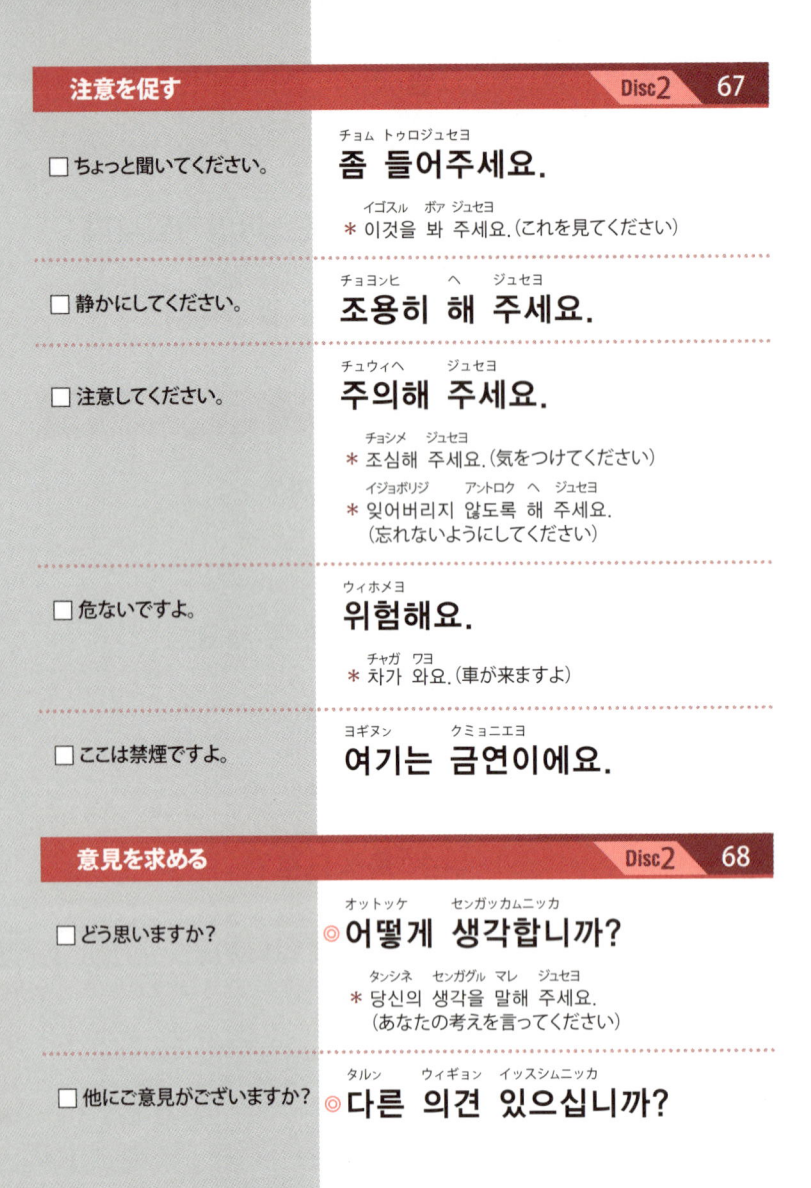

注意を促す　　　　　　　　　　　　　　　Disc2　67

- ちょっと聞いてください。
  　チョム　トゥロジュセヨ
  좀 들어주세요.
  　　　イゴスル　ボァ ジュセヨ
  ＊ 이것을 봐 주세요.（これを見てください）

- 静かにしてください。
  　チョヨンヒ　ヘ　　ジュセヨ
  조용히 해 주세요.

- 注意してください。
  　チュウィヘ　　ジュセヨ
  주의해 주세요.
  　　チョシメ　ジュセヨ
  ＊ 조심해 주세요.（気をつけてください）
  　　イジョボリジ　アントロク ヘ　ジュセヨ
  ＊ 잊어버리지 않도록 해 주세요.
  　（忘れないようにしてください）

- 危ないですよ。
  　ウィホメヨ
  위험해요.
  　　チャガ　ワヨ
  ＊ 차가 와요.（車が来ますよ）

- ここは禁煙ですよ。
  　ヨギヌン　　クミョニエヨ
  여기는 금연이에요.

意見を求める　　　　　　　　　　　　　　Disc2　68

- どう思いますか？
  　オットッケ　　　センガッカムニッカ
  ◎ **어떻게 생각합니까?**
  　　タンシネ　センガグル　マレ　ジュセヨ
  ＊ 당신의 생각을 말해 주세요.
  　（あなたの考えを言ってください）

- 他にご意見がございますか？
  　タルン　　ウィギョン　イッスシムニッカ
  ◎ **다른 의견 있으십니까?**

270

□ よいアイデアがありますか?	좋은 아이디어 있어요?

*말하고 싶은 것이 있어요?
（言いたいことがありますか?）

□ 遠慮せずに おっしゃってください。	거리낌 없이 말씀해 주세요.

□ 意見のある方は 挙手をお願いします。	의견이 있는 분은 손을 들어주세요.

提案する

□ これはどうですか?	◎ 이것은 어떻습니까?

□ 他の人にも 相談してみましょう。	◎ 다른 사람과도 상담해 봅시다.

*다른 것을 알아보면 어떻습니까?
（他を当たってみてはどうですか?）

□ 提案があります。	◎ 제안이 있습니다.

□ 私にいい考えがあります。	◎ 제게 좋은 생각이 있습니다.

*이런 방법도 있습니다.（こんな方法もありますよ）

□ 手伝いましょうか?	도와 드릴까요?

*뭐 도와 드릴 것이 없을까요?
（何かお手伝いすることはありませんか?）

相談する・相談を受ける   Disc2 70

☐ 相談したいことが
　あるのですが…。
상담하고 싶은 게 있는데요….
* 이야기 들어줄래? (相談に乗ってくれる?)

☐ 私でよければ相談に乗るよ。
나라도 괜찮으면 상담해 줄게.
* 힘이 돼 줄게. (力になるよ)

☐ 誰にも話さないでね。
누구한테도 말하지 마.
* 여기서만 이야기하는 건데. (ここだけの話なんだけど)

☐ あなたならどうする?
너라면 어떻게 할 것 같아?

☐ どうすればいいですか?
어쩌면 좋아요?
* 어떻게 하면 좋아요. でも同じ意味になります。

☐ 秘密は守ります。
비밀은 지킵니다.

☐ 自分で決めなくちゃ。
자신이 결정해야 지.

☐ アドバイスをください。
조언을 해 주세요.

☐ どう思う?
어떻게 생각해?

保留にする

□ そうですね…。

그렇네요….

□ そうかもしれません。

◎ 그럴지도 모릅니다.

□ お話はよくわかりました。

◎ 말씀하신 것은 잘 알겠습니다.

□ 検討してみます。

◎ 검토해 보겠습니다.

＊ 긍정적으로 검토해 보겠습니다.
（前向きに検討させていただきます）

□ 状況を見て判断します。

◎ 상황을 보고 판단하겠습니다.

☐ 難しい判断ですね。	어려운 판단이네요.
☐ 何とも言えません。	뭐라 말할 수 없습니다.
☐ 現時点でははっきりとは言えません。	현시점에서는 확실히 말할 수 없습니다.
☐ 少し考えさせてください。	조금 생각하게 해 주세요.
☐ お時間いただけますか?	시간 내 주실 수 있으십니까?
☐ 次回までにお返事いたします。	다음까지 답변드리겠습니다.
☐ 私の一存では決めかねます。	저 혼자만으로는 결정하기 어렵습니다.
☐ 上司に相談してきます。	상사에게 상담하고 오겠습니다.
☐ どちらでもいいですね。	어느 쪽이든 괜찮아요.

制止する・断る

Disc2 72

□ やめてください。
그만해 주세요.

□ 結構です。
◎ 괜찮습니다.
＊됐습니다.は買い物中のしつこい勧誘などを断るときに便利です。

□ 要りません。
필요 없어요.
＊필요하지 않아요. (必要ありません)

□ それは引き受けかねます。
그것은 수락하기 어려워요.

□ 無理です。
무리예요.

□ 不可能です。
불가능해요.

□ できません。
할 수 없어요.

□ やりたくありません。
하고 싶지 않아요.

□ ちょっと、忙しくて…。
조금 바빠서….

□ この話はここまでにしましょう。
◎ 이 이야기는 여기까지 합시다.
＊오늘은 이 정도로 합시다.
（今日はこのくらいにしましょう）

心配・同情する

Disc2 73

□ 大丈夫ですか?
◎ 괜찮습니까?
* 건강해요? (元気ですか?)

□ どうなさったんですか?
◎ 무슨 일이 있으셨습니까?
* 뭔가 걱정이라도 있습니까?
  (何か心配事でもあるんですか?)

□ 何かあったの?
◆ 뭔 일 있었어?

□ 大変だね。
◆ 큰일이네.

□ かわいそうに。
불쌍하게.
* 심한 이야기네요. (ひどい話ですね)
* 괴로운 일을 당하셨네요. (辛い思いをされましたね)

□ 何でもなければいいね。
◆ 별일 아니었으면 좋겠어.

□ お気の毒です。
◎ 가엾습니다.
* 그 심정 알겠습니다. (お気持ちお察しします)

□ あまりご自分を責めないでくださいね。
그렇게 자신을 책망하지 마세요.

なぐさめる・励ます

- ☐ 大丈夫ですよ。
  괜찮아요.

- ☐ 頑張ってください。
  힘내세요.

- ☐ 心配しないでください。
  걱정하지 말아 주세요.

- ☐ 何とかなりますよ。
  ◎ 어떻게든 될 겁니다.

- ☐ たいしたことありませんよ。
  별일 없어요.
  * 아무것도 우려할 거 없어요.
    (何も恐れることはありません)

- ☐ 悔やんだって仕方ありませんよ。
  후회해도 소용없어요.
  * 고민해도 어쩔 수 없어요.
    (悩んでも仕方ありませんよ)

- ☐ 元気出して。
  ◎ 기운 내.

- ☐ くじけないで。
  ◎ 좌절하지 마.
  * 약해지지 마. (弱くならないで)

- ☐ あきらめちゃだめ。
  ◎ 포기하면 안 돼.

☐ 希望を持ちましょう。	◎ 희망을 가집시다.

☐ 弱音を吐くな。	◇ 약한 소리 하지 마.

* 다들 같아요. (皆同じですよ)

☐ 失敗は成功の元だよ。	◇ 실패는 성공의 어머니라는 말이 있잖아.

* 라는 말이 있잖아 (なんて言うじゃない)
* 칠전팔기야. (七転び八起きだよ)

☐ あなたのせいじゃありませんよ。	당신 탓이 아니에요.
☐ あなたの味方です。	당신의 편이에요.
☐ 私よりましですよ。	저보다 나아요.
☐ 人生こんなもんですよ。	인생이 다 그런 거야.
☐ 忘れましょう。	잊어버려요.

* 지난 일은 잊어요. (過ぎたことは忘れましょう)

☐ 気持ちを入れ替えましょう。	기분을 바꿔요.

☐ 必ずできますよ。	◎ 반드시 가능합니다. 　　パントゥシ　カヌンハムニダ
☐ 最後まで頑張りましょう。	◎ 마지막까지 힘냅시다. 　　マジマッカジ　ヒムネプシダ
☐ もう一度やりましょう。	◎ 한 번 더 합시다. 　　ハン　ボン　ト　ハプシダ ＊ 처음부터 다시 합시다.（1からやり直しましょう） 　　チョウムプト　タシ　ハプシダ

褒める　　　　　　　　　　　　　　　　　　Disc2　75

☐ すごいですね。	굉장하네요. ケンジャンハネヨ ＊ 훌륭하네요.（素晴らしいですね／ご立派ですね） 　　フルリュンハネヨ
☐ よかったですね。	잘 됐네요. チャル　テンネヨ
☐ さすがですね。	과연 대단하네요. クヮヨン　テダナネヨ
☐ 見直しました。	달리 보게 됐어요. タルリ　ポゲ　テッソヨ
☐ よくやった！	◇ 잘했어！ 　　チャレッソ ＊ 열심히 했네！（頑張ったね！） 　　ヨルシミ　ヘンネ
☐ えらいぞ！	◇ 장하다！ 　　チャンハダ

祝う・幸福を祈る　　　　Disc2　76

□ おめでとうございます。
◎ 축하드립니다.
　　チュッカトゥリムニダ

＊ 승진(昇進)　영전(栄転)　전임(転任)
　　スンジン　　*ヨンジョン*　　*ジョニム*

□ 合格おめでとう。
◆ 합격 축하해.
　　ハプキョク チュッカヘ

□ 御社のご発展を心より
　お祈り申し上げます。
◎ 귀사의 발전을 진심으로
　　クィサエ　バルチョヌル　チンシムロ
　기원하겠습니다.
　　キウォナゲッスムニダ

□ 神のご加護が
　ありますように。
◎ 신의 가호가 있기를 빕니다.
　　シネ　カホガ　イッキルル　ビムニダ

□ 早く大きくなりますように…。
빨리 자라기를….
　　ッパルリ　チャラギルル

＊ 빨리 컸으면 좋겠군.
　　ッパルリ コッスミョン チョッケックン
　（早く大きくなったらいいな）

□ グッドラック。
◆ 굿 럭.
　　グッ ロク

韓国語の活用

韓国語の3種類の活用形を一覧にして紹介しています。自分の言いたいフレーズをつくるときの参考にしてください。

韓国語の活用形について

韓国語の活用形は第Ⅰ活用、第Ⅱ活用、第Ⅲ活用の3種類です。

■ 活用一覧

活用の種類	活用の方法	例 用言	例 語幹	
第Ⅰ活用	語尾の다を取るだけ。	보다	보	
		먹다	먹	
第Ⅱ活用	パッチムがない用言の場合、語尾の다を取る。	보다	語幹にパッチムが	ない場合 보
	パッチムがある用言の場合、語尾の다を取ってから으をつける。	먹다		ある場合 먹으
第Ⅲ活用	다の直前の文字（語幹末）の母音が陽母音（ㅏ・ㅑ・ㅗ）の場合、아をつける。	받다	語幹が	陽母音の場合 받아
	다の直前の文字（語幹末）の母音が陽母音以外の場合、어をつける。	먹다		陰母音の場合 먹어

■ 第Ⅲ活用で、ㅏかㅓのどちらかを接続したときに、同じ母音が続く場合は母音の同化現象を起こし、ㅏ/ㅓのうち1つが脱落します。

　가다 (行く) -- 가아 --- 가　　　　　　　ㅏ と 아が同化して1つが脱落します。

■ 第Ⅲ活用で、ㅏ/ㅓを接続した後、縮約（合成母音化）できる用言はそれぞれ合成母音にします。

　오다 (来る) --- 오아 --- 와+公式　　　ㅗ と ㅏは合成母音 ㅘ に変化させます。

■ 用言の中には「와/오아」「워/우어」「여/이어」どちらを用いてもよいものもあります。

　ㅘ縮約形： 보다 (見る) -보아-봐　　고다 (煮込む) -고아-과
　ㅝ縮約形： 주다 (あげる・くれる) -주어-줘　두다 (置く) -두어-둬
　ㅕ縮약形： 하시다 (なさる) -하시어-하셔
　ㅙ縮約形： 되다 (なる) -되어-돼

■ 第I活用

～ですから / ～ますから	－거든요.
이번 주는 바쁘**거든요**. (今週は忙しいですから)	

～ですね / ～ますね	－네요.
일본말 잘하시**네요**? (日本語上手ですね)	

～ですね	－군요.
멋있**군요**. (素敵ですね)	

～ですか？	－나요？
집에 놀러 가도 되**나요**? (家に遊びに行ってもいいですか？)	

～します / ～でしょう	－겠습니다. / －겠어요.
전화해 주시**겠습니까**? (電話してくださいますか？)	

～ (し) ています	－고 있어요.
지금 밥을 먹**고 있어요**. (今、ごはんを食べています)	

～ (し) て	－고
저는 한국어를 공부하**고**, 형은 중국어를 공부합니다. (私は韓国語を勉強して、兄は中国語を勉強しています)	

～なので	－기 때문에
너무 어렵**기 때문에** 이해 못 합니다. (あまりにも難しいので理解できません)	

（動詞・存在詞）～なんですが	－는데요.
지금 없**는데요**. (今、いないんですが)	

283

■ 第Ⅱ活用

～しましょうか？	ーㄹ까요?
_{カッチ シクサハルッカヨ} 같이 식사할까요? (一緒に食事しましょうか？)	

～（し）ますよ。	ーㄹ게요.
_{カッチ カルケヨ} 같이 갈게요. (一緒に行くよ)	

～（し）ますか？	ーㄹ래요?
_{チベ カッチ カルレ} 집에 같이 갈래? (家に一緒に行く？)	

～でしょう／～つもりです	ーㄹ거예요.
_{タウム チュ ヨヘンカル コエヨ} 다음 주 여행갈 거예요. (来週旅行するつもりです)	

～されます／～なさいます	ー십니다. / ー세요.
_{オンジェ オセヨ} 언제 오세요? (いついらっしゃいますか？)	

～だから～（し）てください。	ー니까 + ー세요.
_{ナルッシガ チュウニッカ コットゥルル イプセヨ} 날씨가 추우니까 코트를 입으세요. (寒いからコートを着てください)	

～（し）に	ー러
_{チングルル マンナロ カッソヨ} 친구를 만나러 갔어요. (友だちに会いに行きました)	

～（し）ながら	ー면서
_{パブル モグミョンソ テルレビジョヌル パヨ} 밥을 먹으면서 텔레비전을 봐요. (ごはんを食べながらテレビを見ます)	

（形容詞・指定詞）～なんですが	ーㄴ데요.
_{ネイルン パップンデヨ} 내일은 바쁜데요. (明日は忙しいんですが)	

～（る）予定です	ーㄹ 예정이에요.
_{タウム タル ハングゲ カル イェジョンイエヨ} 다음 달 한국에 갈 예정이에요. (来月、韓国に行く予定です)	

活用形別　公式リスト

■ 第Ⅲ活用

～(し)ても	－도
_{チベ　カド　チョアヨ} 집에 가도 좋아요. (家に帰ってもいいですよ)	

～(し)ている	－있어요.
_{クルッシガッ ソ　イッソヨ} 글씨가 써 있어요. (字が書いてあります)	

～(し)なければなりません	－야 해요 / －야 돼요
_{ハングゴルル　コンブヘヤ　デヨ} 한국어를 공부해야 돼요. (韓国語を勉強しなければなりません)	

～ます	－요
_{コンブヘヨ　　　コンブヘヨ} 공부해요. / 공부해요? (勉強します/勉強しますか?)	

～です	－이에요 / －예요
_{ソンセンニミエヨ　　　　　　キョサエヨ} 선생님이에요. (先生です) / 교사예요. (教師です)	

～(し)ました	－ㅆ어요 / －ㅆ습니다
_{チャンニョネ　ハングゲ　カッソヨ} 작년에 한국에 갔어요. (去年韓国に行きました) _{ハングゴルル　コンブヘッソヨ} 한국어를 공부했어요. (韓国語を勉強しました)	

～でした	－이었어요 / －였어요
_{アボジヌン　キョサヨッソヨ} 아버지는 교사였어요. (父は教師でした)	

■ 第Ⅲ活用にて特殊な変化をする **하다** 用言とへヨ体でのみ特殊な変化をする指定詞は、活用後の形をそのまま暗記しましょう。

하다 (する) --- **해**
이다 (～だ) --- (パッチムあり) **이에요**
　　　　　　　　(パッチムなし) **여요**

INDEX

あ

ああ、よかった！	244
相変わらず忙しくしています。	24
相変わらずだね。	22
あいつ！	253
アイロンをかけてください。	205
アカすりをお願いします。	178
赤ちゃんができました。	46
明るい色にしてください。	177
明るい人です。	231
明るくて優しい女性です。	232
飽き飽きします。	255
秋の天気は変わりやすいからなあ。	93
あきらめちゃだめ。	277
あきらめました。	255
明けましておめでとうございます。	190
朝からこんなにたくさんは食べられません。	75
朝ごはん食べますか？	74
朝ごはんはいつも食べません。	74
朝ごはんを食べないと力が出ません。	75
朝シャンをしたいです。	69
朝ですよ。	66
朝はごはんと味噌汁がいいですね。	75
朝は食欲がありません。	74
朝晩は涼しくなりましたね。	94
足裏マッサージをしたいんですが。	178
味が薄いです。	143
足ががたがた震えます。	249
味が濃すぎます。	143
明日の天気は？	92
明日の飲み会の場所を決めているんだ。	110
明日は何時に起きるの？	86
明日は燃えないゴミの日です。	80
明日はゆっくり起きよう。	86
味はどうですか？	141
預けた貴重品を返してください。	206
預ける荷物はこれだけですか？	195
預ける荷物は1つだけです。	195
暖かい冬ですね。	95
頭が上がりません。	249
頭の中が真っ白です。	249
あちらの方向に逃げていきました。	123
熱いです。	142
暑くて2度も目が覚めちゃった。	68
アドバイスをください。	272
アドレスを間違えていませんか？	110
穴があったら入りたいです。	250
あなたが好きです。	237
あなたならどうする？	272
あなたにふさわしい人が現われますよ。	240
あなたのおかげです。	261
あなたのことしか考えられない。	238
あなたのせいじゃありませんよ。	278
あなたの味方です。	278
あなたは間違っています。	268
兄がいます。	40
あの頃に戻りたいね。	246

286

あの女優（俳優）の演技がよかった。	164	いい加減にしてください。	252
アパートで一人暮らしをしています。	39	いい考えですね。	267
危ないですよ。	270	いい声ですね。	175
危ないところだったね。	244	いい席が取れました。	160
油絵を習っています。	226	いいですね。	267
脂っこい料理が苦手です。	228	いいですよ。	21, 239, 266
甘いものが大好きです。	227	いい天気です。	92
甘いものは別腹ですね。	84	いいにおいだね。	83
甘えん坊です。	43	いい人ですよ。	231
雨具も持って行きましょう。	173	いい人を見つけたね。	183
あまりご自分を責めないでくださいね。	276	いい夢を見ましたか？	67
あまり好きな味ではありません。	142	いいよ。／構わないよ。	264
雨が降っているよ。	92	言い訳は聞きたくありません。	252
雨が降る確率50%です。	93	いえ。結構です。1時過ぎにかけなおします。	98
雨が降るみたい。	92	家の掃除をしていました。	44
謝るのは私のほうです。	264	家の前に車を止めてしまいましたが大丈夫ですか？	126
あら！	222	生きがいです。	223
争うのはやめましょう。	264	いくらだった？	230
ありえない。	221	いくらですか？	215
ありがとう。	261	イケメンです。	235
ありがとうございます。	261	意見のある方は挙手をお願いします。	271
ありません。	198	以前は渋谷区に住んでいました。	39
歩いて行けますか？	208	忙しいよ。	22
アレルギーはありますか？	118	忙しかったよ。	81
アンコール！	164	一度、お目にかかったことがあります。	21

い

いい味ですね。	141	一度お目にかかれますか？	47
いいえ。	219	一度、トイレに起きたよ。	68
いいえ。ほとんど人見知りしません。	42	一日券はいくらですか？	172
いい香りです。	141	1日中頭から離れません。	223

287

一日中、家事をしていました。	44
一日寝ていたいよ。	49
一日、のんびり過ごしたい。	49
1年前の話じゃ覚えていないよ。	90
市場を歩いているときに。	122
1番嫌いなタイプです。	224
一塁側がいいです。	168
いつ行くの？	88
一括でお願いします。	151
いつから具合が悪いのですか？	117
一軒家に住んでいます。	38
いつ頃の作品ですか？	156
1週間の予定です。	197
一緒にいると安らぎます。	244
1対1で同点だよ。	169
いったいどういうことですか？	252
行ってきます。	76
いつでもどうぞ。	262
行ってらっしゃい。	29, 76
いつの話？	90
1泊いくらですか？	200
いつまでもお元気でいてください。	187
いつもお世話になっております。豊田電機の佐藤です。	97
いつをご希望ですか？	159
糸がほつれています。	153
いびきがひどいんです。	87
いまいち。	224
今、起きるよ。	66
今、お父さんが入っているわ。	85
今、お話ししても大丈夫ですか？	97
今から出たら8時になってしまいますが、大丈夫ですか？	59
今、新村にいるのだけれど、出てこられますか？	48
今すぐ、出て行ってください。	253
今、ちょっと忙しい。	100
今、鐘路5街駅にいるのですが、ここからどうやって行けばいいですか？	202
今、何歳ですか？	30
今、何時？	88
今はフリーターです。	36
今、ロッテホテルのロビーにいるのだけれど、すぐに来られますか？	48
癒し系だね。	244
いやなニュースばかりだよ。	72
嫌な奴。	224
いらっしゃいませ。	127
いらっしゃいませ。お2人ですか？	133
要りません。	196, 275
入れ歯が壊れてしまいました。	119
色々な種類のキムチがあるんですよ。	129
色がいまいちだね。	229
色使いがきれいです。	156
言われた料金と違います。	207
印象派が好きです。	154
インスタレーションは面白いですね。	155
インターネットはできますか？	202

う

ウイルススキャンしています。	111
ウイルスソフトを入れていますか？	111
ウィンドウショッピングでもするつもり。	50
上にお姉ちゃんがいます。	42

ウォーホルの絵は格好いいですね。	155
うがいをしよう。	82
うかつでした。	263
後ろの建物と一緒に撮ってください。	214
歌がうまいですね。	175
歌もダンスもうまいですから。	164
うちでガールズトークしようよ。	54
うちでDVD見ない？	54
うちに来ませんか？	54
うちに泊まりにおいで。	54
産毛抜きをしてください。	178
海までドライブします。	51
海を見たいなあ。	50
うるさい！	253
うれしいです。	241
うれしくて涙が出そうです。	242
上着を忘れないでください。	173
うん。	218
運が悪かったのかな？	254
うんざりします。	255
うん。そうして。	100

え

え？	219
エアコンが効きません。	207
映画が好きです。	225
映画どうでしたか？	161
映画、見たいな。	50
映画を見に行きませんか？	158
英文科です。	33
駅から近いんですね。	126
駅に着いたら一度電話する。	59
駅の近くがいいです。	200
駅の西口改札にしましょう。	60
駅のホームを降りて一番後ろで待っています。	61
駅はどこですか？	208
駅前のカフェで待っていてください。	61
駅前の飲み屋で待ってるよ。	61
駅前のマンションに住んでいます。	38
駅前のロータリーまで来てください。	60
駅まで送ります。	130
駅まで迎えに行きます。	62
えらいぞ！	279
延長戦になりそうですね。	169
遠慮しないで遊びに来てください。	55
遠慮しないでくださいね。	128
遠慮せずにおっしゃってください。	271
円をウォンに換えてください。	215

お

おいしいです。	141
おいしいですか？	141
おいしい店を見つけました。	45
お急ぎですか？	101
往復切符をください。	211
オーケストラをよく聞きに行きます。	162
大船に乗った気分でいてください。	245
お帰りなさい。	81
おかげさまで。	261
お金を入れたのに切符が出ません。	210
お代わりしてくださいね。	83
お気遣いありがとうございます。	261
起きてください。	66

お気の毒です。	276	教えてもらえますか？	265
奥さんは、料理上手ですね。	129	お時間いただけますか？	274
お口に合いますか？	141	お支払いはいかがなさいますか？	160
お口に合うか分かりませんが・・・どうぞ。	128	おしゃれ着洗いをします。	77
奥歯です。	119	食事はお済みですか？	22
お悔やみ申し上げます。	189	お勧めできません。	255
遅れそうだから駅前の本屋さんで待っていて。	63	お世辞言わないでください。	250
遅れそうだったら携帯メールして。	59	お世話になりました。	261
遅れたから、今日は私がおごるね。	64	遅くなったら携帯メールするよ。	77
遅れてすみませんでした。	63	お互い様です。	264
遅れるかも知れないから先に行っていて。	63	お力添えに感謝いたします。	261
遅れるときは携帯に電話して。	59	お茶を入れますね。	83
お化粧ののりが悪いなあ。	70	お茶をどうぞ。	128
お化粧をします。	70	お疲れ様。	81
お元気でしたか？	23	夫と子供がいます。	40
起こさないでください。	204	夫のギャンブル癖が治りません。	186
お子さんのお名前は？	42	夫の両親と同居しています。	184
お子さんの誕生おめでとうございます。	185	夫は家事をしません。	79
お子さんはいらっしゃいますか？	41	夫は子育てには協力的です。	79
お子さんはおいくつですか？	41	おつまみは何がいいですか？	134
お子さんは何年生ですか？	42	おつりはいりません。	209
お先に失礼します。	29	お手上げです。	248
お先にどうぞ。	174	お電話ありがとうございました。	102
お酒はありますか？	196	お父さんに似ていますね。	185
お酒はいける口ですか？	137	脅かさないでください。	251
お酒は何が好きですか？	128	男の子が欲しいです。	185
お皿洗います。	84	おとなしい子ですね。	43
お皿を拭いてください。	84	大人しいです。	232
おいしい！	169	大人2枚ください。	212
		驚いた。	222
		驚かせないでよ。	222
		同い年です。	30

お腹いっぱいです。	243	オリンピックは必ず見ます。	165
お腹が痛いです。	113	お礼させてね。	262
お願いがあるのですが。	265	お礼の言葉もありません。	261
お願いしてもいいですか?	265	お別れするのは寂しいです。	259
お飲み物は何にいたしますか?	134, 196	音楽鑑賞です。	225
おばさんっぽいよ。	229	御社のご発展を心より お祈り申し上げます。	280
お話はよくわかりました。	273	恩に着るよ。	261
おはようございます。	66		
お久しぶりです。	23		

か

お昼はどうしますか?	173	カードキーを部屋の中に 忘れてしまいました。	207
お風呂掃除をしてください。	78	カード使えますか?	151
お風呂は気持ちいい。	86	カードで支払います。	206
お風呂沸きましたよ。	85	海外でも使える携帯が欲しいな。	105
オペラは一度見ると面白いです。	163	海外に行ったら 必ず美術館に行きます。	154
覚えていてくれた?	23	海外旅行です。	225
お盆にはお墓参りをします。	191	会議が長くなって遅れちゃった。	64
お盆を下げてもらえますか?	196	外見はどうですか?	234
お待ちどうさまでした。	135	海産物専門店に行きましょう。	132
お祭りに行きます。	50	外資系企業で事務の 仕事をしています。	36
お土産はどこで買えますか?	145	会社に行きたくありません。	258
お土産を買う時間はありますか?	213	海鮮鍋のおいしいお店を 知っていますか?	131
お土産をどうも ありがとうございました。	130	会長は昨日永眠されました。	188
おめでたです。	185	外野席でもいいです。	168
おめでとうございます。	280	カウンター席でよろしいですか?	133
お目にかかりたいと思っておりました。	20	顔が引きつっちゃう。	249
お目にかかれて嬉しいです。	20	顔を洗ってください。	69
面白い映画やっていますか?	158	学生さんですか?	33
面白いです。	241	格闘技が好きです。	165
お湯が出ません。	207	傘を電車の中に置いてきちゃった。	124
泳ぐのは久しぶりです。	171		
折り返し電話するように伝えます。	101		

傘を持って行ったほうがいいですよ。	76
傘を持って行ったほうがいいみたいです。	93
傘を持ってないなあ。	93
画集も売っています。	157
風邪気味なんだ。	57
風邪ですね。	118
風邪を引いたみたいです。	115
風邪をひくといけないから早く髪を乾かしなさい。	85
画像をダウンロードしています。	110
家族そろって旅行に行きました。	44
片思いの彼からメールがありました。	46
肩がきついです。	152
片付けを手伝えなくてすみません。	130
がっかりしました。	254
格好いい！	229
格好いいね。	242
がっちりしています。	234
カットですか？カラーですか？	176
カットをお願いします。	176
カッピングをしたいんですが。	178
家庭菜園で野菜を育てています。	226
神奈川県出身です。	32
神奈川県のどちらですか？	32
必ずできますよ。	279
彼女があなたに片思いしているみたいですよ。	238
彼女ができました。	25
彼女と婚約しました。	180
彼女と再婚します。	180
彼女は素敵な人ですね。	236
カフェのモーニングセットを食べます。	75
株式がまた下落したんだね。	72
花粉症です。	118
構いませんよ。	266
神のご加護がありますように。	280
髪をセットしなくちゃ。	71
髪を染めたいんですが。	176
かゆみ止めをください。	120
辛いです。	141
辛いものは苦手です。	141
カラオケに行きましょう。	174
カラオケによく行きます。	226
からかわないでよ。	222
辛すぎて食べられません。	141
体中痛くて仕方ありません。	116
借りてもいいですか？	265
彼氏がいるんです。	239
彼氏とデートなの。	50
彼と結婚することになりました。	180
彼と初めてのデートをしました。	45
彼のことが好きです。	236
彼のことが忘れられないの。	239
彼は男友達がたくさんいます。	232
彼はどんな性格ですか？	231
画廊に行ってみたいです。	154
かわいいです。	235
かわいそうに。	276
河原でバーベキューしませんか？	53
代わりに行ってもらってもいいですか？	266
考えると頭が痛い。	258
環境問題の記事を読んでごらんよ。	73
関係ないね。	256

観光です。	197	帰省のため高速道路は渋滞しています。	191
韓国映画が大好きです。	158	帰省の土産は買いましたか？	191
韓国が逆転したところ。	169	期待通りでした。	243
韓国焼酎はありますか？	146	期待はずれでした。	254
韓国で一番強いサッカーチームはどこですか？	166	貴重品を預けることはできますか？	203
韓国で一番人気がある野球チームはどこですか？	166	喫煙席にしますか？禁煙席にしますか？	133
韓国ではお酒は飲みほしてからつぎます。	138	喫茶店でトイレにいっている隙に。	122
		きっとウマが合うと思います。	233
韓国ではクリスマスは祝日です。	192	切符売場で待っています。	61
韓国で有名な画家の作品です。	157	切符を失くしてしまいました。	210
韓国の歌を知っていますか？	174	来てくれると嬉しいです。	55
韓国のゴルフ場は高いですね。	170	来てよかった。	164
韓国の作家の絵を買えますか？	157	機内へ持ち込みます。	195
頑固です。	233	気に入りました。	149
簡単ですよ。	129, 245	気にしていませんよ。	264
感動しました。	242	気分が悪いのですが。	196
感動的ですね。	242	希望を持ちましょう。	278
館内ツアーはありますか？	212	君との出会いは運命だったんだ。	238
江陵までいくらですか？	211	君のことをもっと知りたい。	237
乾杯！	137	キムチのおかわりください。	139
頑張った甲斐がありました。	242	キムチも自分で漬けるんですか？	129
頑張ってください。	277	キム・チヨンさんですよね？	20
還暦おめでとうございます。	187	キム・ミヒです。ただいま外出しております。	106

き

キーパーよく守った。	169	気持ちが落ち着きます。	243
キーを下げてください。	175	気持ち悪い！	251
気が合うと思います。	233	気持ちを入れ替えましょう。	278
気が重いです。	258	きゃー！	251
聞き逃してしまいました。	220	逆転ホームランだ。	169
着心地は抜群ですよ。	149	キャディーさんにチップをあげてください。	170

キャンセル待ちできますか？	160
救急車を呼んでください。	116
休日出勤していました。	44
急なことで大変驚いています。	188
牛肉をください。	195
キュウリパックをしてください。	178
今日一日どうだった？	81
今日、うちに来ない？	54
教会で聖誕祭があります。	192
教会でミサがあります。	192
今日、ＫＢＳ放送で面白い番組があるよ。	73
今日、時間ある？	47
兄弟はいますか？	40
京都に行ってきました。	43
今日、何日だったっけ？	88
享年80歳でした。	188
今日のご予定はいかがですか？	47
今日の最高気温は37度ですって。	95
今日の晩御飯は何？	83
今日の服どうかな？	229
今日は暑いですね。	94
今日は家でのんびりするつもりです。	49
今日はいりません。	74
今日はお金がないんです。	57
今日はお招きありがとうございました。	126
今日は、会社の送別会なんです。	57
今日は来てくれてありがとう。	130
今日は休刊日ですよ。	72
今日は、休日出勤です。	49
今日は午後から雨が降るらしい。	93

今日は午後から友人の結婚式に参列します。	51
今日は午前中は会議が入っています。	51
今日は寒いですね。	94
今日は3月3日です。	88
今日は残業がないから早く帰れるよ。	76
今日は残業だったんじゃないの？	82
今日は残業で行けないんです。	57
今日は3時間しか寝ていないよ。	67
今日はシチューよ。	83
今日は涼しいですね。	94
今日は接待で遅くなるよ。	76
今日は洗濯日和です。	77
今日は天気がいいですね。	22
今日は何かしたいことがありますか？	48
今日は何を着て行こうかな？	71
今日は何曜日だったっけ？	90
今日は飲み会だから晩ごはんはいらないよ。	76
今日は暇だよ。	49
今日はぽかぽかした陽気ですね。	94
今日は本当に暑かった。	82
今日はまだ木曜日です。	90
今日は燃えるゴミの日です。	80
今日、暇？	47
今日、昼寝をしたからかな？	87
強風波浪注意報が出ています。	93
興味がありません。	256
興味津々です。	223
巨人です。	166
去年の誕生日のときの話ですよ。	90
嫌いです。	224

嫌いな食べ物はなんですか？	227
切りすぎないようにしてください。	177
切るよ。	99
きれい！	242
きれいなお嫁さんですね。	183
気をつけて。	76
禁煙ルームにしてください。	201
謹賀新年。	190
銀行員です。	35
緊張しています。	249

く

空港でレンタル携帯を借りられるよ。	105
空港のロビーで目を離した隙に。	122
空港までお願いします。	209
空港までどれくらいかかりますか？	204
クーラーのタイマーをかけておくね。	87
草津温泉に行きます。	50
草野球をします。	226
くじけないで。	277
くしゃみが止まりません。	115
癖毛なので、ストレートパーマをかけてください。	177
くたくたです。	256
果物だけでいいです。	74
靴下どこ？	71
グッドラック。	280
曇っているから乾かないかもしれません。	77
雲ひとつありません。	94
曇りだよ。	92
悔しい！	254
悔しさをばねにして頑張ろう。	254

悔やんだって仕方ありませんよ。	277
暗い絵ですね。	157
クラッシックコンサートに行きました。	43
クラッシックです。	162
クリーニングをお願いします。	205
黒い服を着ていました。	123
食わず嫌いです。	228

け

計算が違っています。	207
計算が間違っています。	144
携帯番号を教えておきます。	59
携帯を失くしてしまいました。	124
芸能人と握手しました。	45
契約が決まったよ。	81
K-1は韓国でも人気があります。	165
毛先をそろえてください。	177
化粧水をつけます。	70
血圧を測りましょう。	118
結構です。	275
結婚式場で式を挙げます。	181
結婚式はいつですか？	181
結婚式は教会で挙げます。	181
結婚しているんですよ。	239
結婚を祝して乾杯！	183
下痢をしました。	113
原因は何なんですか？	269
圏外でつながらないよ。	104
元気？	21
元気出して。	277
元気な子ですね。	43

295

現金で支払います。	151	国際電話の使い方を教えてください。	205
健康的な印象です。	235	ご結婚おめでとうございます。	183
原作とはずいぶん違いますね。	161	午後1時半までに出国審査を終えてください。	194
現時点でははっきりとは言えません。	274	ここから遠いですか？	208
現代電子の方ですよね？	20	ここで写真を撮ってもいいですか？	265
現地集合にしましょう。	60	ここで食べます。	140
検討してみます。	273	ここで待っていてください。	209

こ

公園にピクニックに行きませんか？	52	ここに穴が開いています。	153
公園の近くです。	38	ここに買い物袋が置いてありませんでしたか？	124
後悔しています。	263	ここは禁煙ですよ。	270
合格おめでとう。	280	午後は友達に会う約束をしています。	51
高校教師をしています。	35	ここまで行きたいのですが、どうやって行けばいいですか？	203
合コンで知り合いました。	182	ここを押してください。	214
構図が素晴らしいです。	156	5歳になる息子です。	27
高速バスに乗って帰省します。	191	ご祝儀はいくら包めばいいかな？	181
紅葉を見に行きませんか？	53	ご出身はどちらですか？	32
コートをお預かりします。	127	午前中は家事をこなして、午後は家でDVD鑑賞しようと思って。	51
コートを予約しますね。	171	ご注文はお決まりですか？	134
コーヒーではなくて紅茶を頼んだのですが。	144	こちらからお電話差し上げましょうか？	101
コーヒーを入れましょうか？	83	こちらでお召し上がりですか？お持ち帰りですか？	140
コーヒーをください。	74	こちらにサインしてください。	151
コーヒーを飲みすぎたかな？	87	こちらにはそういう人はおりませんが。	102
コーヒーをポットで持ってきてください。	205	こちらの絵が好きです。	156
ご家族ご一緒にどうぞいらしてください。	55	こちらはキムテウンさんです。	26
ご家族はさぞお辛いでしょう。	189	こってりしています。	143
ご家族はどんなにお悲しみでしょう。	189	孤独です。	259
5月18日のチケット取れますか？	159		
こくがありますね。	143		

今年、生まれた娘です。	27
今年の4月に入社したばかりです。	37
今年もよい1年になりますようお祈りいたします。	190
言葉になりません。	259
子供が手伝ってくれます。	79
子供のころは水泳を習っていました。	171
子供の養育費は払ってもらうことになりました。	186
子供は2人です。	41
5年ぶりですね。	23
このキムチは栄養たっぷりですね。	143
この現実を受け入れることができません。	260
この子は人見知りしますか?	42
この住所に送ってください。	204
このスタイルにしてください。	177
この近くでホテルを探しているのですが。	200
この近くにお勧めの食堂はありますか?	131
この次からは気をつけてください。	264
この手紙を出してください。	204
この話はここまでにしましょう。	275
この番号は現在使われておりません。	104
このまままっすぐ行けばいいですか?	209
ごはんください。	139
ごはんにする?	82
ごはんを食べながら新聞を読まないでください。	75
ごまかすな!	253
困ったときはお互い様よ。	262
困っています。	247
ゴミの分別はきちんとしています。	80
ご迷惑をおかけいたしました。	262
ごめんください。	126
ごめん。携帯を忘れちゃって連絡ができなかった。	64
ごめんなさい。	262
ごめんなさい。友達としか思えない。	239
コラーゲンがたっぷりです。	143
ゴルフが趣味です。	225
ゴルフクラブを借りることはできますか?	170
ゴルフシューズもありますか?	170
これ、お土産です。	128
これが予約確認書です。	201
これからどうすればいいの?	260
これからは仲良くやって行きましょう。	264
これ、ください。	134
これください。	151
これで安心して眠れるよ。	244
これ、どうやって作るんですか?	129
これなら安心だね。	244
これはお土産です。	198
これは壊れ物です。	195
これは頼んでいません。	144
これはどうですか?	271
これは何ですか?	198
これは安いね。	149
これ、見たことあります。	157
怖い!	251
怖いのは苦手なんです。	251
怖い夢を見ました。	67
壊れるものは入っていませんか?	195
今月末にオープンです。	90

297

今後そのようなことがないよう気をつけます。	263
コンサートに行きませんか？	52
今週の日曜日会えますか？	47
今週の日曜日、予定が入っていなければ、映画を見に行きませんか？	52
今週は飲み会続きだから、やめとく。	57
コンタクト付けなくちゃ。	69
今度こそ勝ってみせる。	254
今度、食事でもしませんか？	52
今度の日曜日山に行きませんか？	173
今度はぜひうちに来てください。	130
こんなことになるなんて。	260
こんなところで何しているの？	23
こんなにうれしいことはありません。	242
こんなに美味しいものは食べたことがありません。	142
こんなに人を好きになったのは初めてです。	238
こんなはずじゃなかった。	184
こんなはずじゃなかったのですが…。	254
こんにちは。	21
コンパで素敵な人にに出会いました。	46
今晩のチケットありますか？	167
今晩、飲みに行きませんか？	52
今夜はゆっくり飲みましょう。	138

さ

最近、胃の調子が悪くて。	57
最近疲れやすいんです。	257
最近どうなの？	24
最近、どこかに行かれましたか？	43
最近、何かいいことがありましたか？	45

最近、蒸し暑くて寝苦しいよ。	87
最後まで頑張りましょう。	279
サイズを取り換えてもらえますか？	152
先に入ってもいい？	85
作者は誰ですか？	157
さすがですね。	279
サッカーワールドカップは面白いですね。	165
サッカーを見るのが好きです。	225
さっきそう言ったでしょう！	252
さっぱりしています。	142
寂しいです。	259
寒くて眠れなかったよ。	68
三鐏洞に画廊がたくさんあります。	154
さやかといいます。	42
さようなら。（見送られる側）	29
さようなら。（見送る側）	29
ざるです。	138
サングラスをかけていました。	123
賛成できません。	268
賛成です。	267
サンチュのおかわりください。	139
3度の飯より好きです。	223
3人兄弟の真ん中です。	40
3人前頼みましたが。	144
残念です。	254
3両目あたりに乗っていました。	124

し

幸せにね。	240
幸せ者ですね。	183
シーツを取り換えました。	78

CDを貸してあげましょうか？	162	実は会社を辞めました。	25
ジーンズは置いていますか？	146	実は韓国に転勤することになりました。	25
次回までにお返事いたします。	274	実は転職しました。	25
仕方ないね。	255	失礼ですが、おいくつですか？	30
時間がたつのはあっという間だね。	90	指定席ですか？	159
時間がたつのはあっという間ですね。	130	市内観光ツアーに申し込みたいのですが。	212
時間とお金の無駄ですね。	255	芝が長いですね。	170
時間と場所はメールで知らせるね。	108	自分で決めなくちゃ。	272
時間は合わせます。	58	しまった。	222
時間は何時でもいいですよ。	58	地味婚です。	180
至急メールを送ります。	109	ジム通いです。	226
自己中心的です。	233	締め切りが明日までだから、無理です。	57
仕事が忙しくて新婚旅行には行けません。	182	地元のエスパルスを応援しています。	166
仕事と家事の両立は大変じゃありませんか？	79	じゃあ、そろそろ始めましょうか？	128
仕事の取引先で彼女と知り合いました。	181	じゃあね。	29
自信があります。	245	社交的です。	232
自信がないんです。	249	写実的な絵より抽象画が好きです。	155
静かな街ですね。	126	写真をアップしているんだ。	110
静かにしてください。	270	写真を撮ってください。	214
システム部のパク課長をお願いします。	97	ジャズが好きです。	162
7月2日から2泊したいのですが。	200	シャッターを押してもらってもいいですか？	214
7時から皆で集まるのだけれど、今から出てこられますか？	48	シャツにアイロンをかけます。	78
7時にセットしておいて。	86	社内では私用メールは禁止されています。	111
7時に予約したんですが。	133	邪魔しないでください。	252
試着してもいいですか？	148	じゃ、またお目にかかりましょう。	29
実家は埼玉県です。	39	写メール送ってくれる？	107
じっとしているだけで暑いです。	94	シャワーだけでもいいよ。	85
失敗は成功の元だよ。	278	シャワーを浴びてくる。	82

シャワーを浴びますか？	69	上司に相談してきます。	274
シャンプーは新しいのをおろしてね。	85	昇進したよ！	24
シャンプーもお願いします。	176	冗談でしょう？	221
ジャンルを問わず聴きます。	162	醤油を出してくれますか？	83
11時10分前に行っています。	58	食後に飲んでください。	119
11時でいいですか？	58	食事はつきますか？	213
集合時間は何時ですか？	213	食事は手作りするように心がけています。	79
集合場所はどこですか？	213	食欲がありません。	113
10時には間に合わないかもしれません。	58	食欲はありますか？	117
渋滞がひどくて。	64	食料品売り場はどこですか？	145
週に一度ボランティア活動をしています。	34	所持金がありません。	121
十分です。	243	初診です。	117
週末どう過ごしていたのですか？	43	女性服売り場は何階ですか？	145
週末はどこかに行かれますか？	47	初対面ですか？	26
週末は何をしていましたか？	43	食間に飲んでください。	119
主演の演技が最高でしたね。	161	新居に遊びに来てください。	184
主演は誰ですか？	158	人工雪ですか？	172
宿泊先はどこですか？	197	申告書です。	198
出棺は12時の予定です。	188	申告するものはありますか？	198
10分くらい遅れそうです。	63	新婚生活はいかがですか？	184
趣味じゃないなあ。	149	新婚旅行は考えていません。	182
趣味はありません。	226	新婚旅行は国内にしようと思います。	182
趣味は何ですか？	225	新婚旅行はどこに行くんですか？	182
上映時間が長すぎます。	161	診察券を忘れてしまいました。	117
上映時間はどれくらいですか？	158	診察の受付窓口はどこですか？	116
紹介していただけますか？	26	紳士服売り場はどこですか？	145
小学校1年生です。	42	信じられない。	222
消化のよいものを食べてよく眠ってください。	118	人身事故みたいです。	63
状況を見て判断します。	273	心身ともに疲労のピークです。	257
錠剤は1錠ずつ飲んでください。	119	人生こんなもんですよ。	278
		心臓が止まるかと思った。	222

心臓がばくばくしています。	249
診断書を書いてください。	117
慎重派です。	232
身長は180センチくらいでした。	123
新村まで2枚ください。	210
心配ありません。	245
心配しないでください。	277
心配性なんです。	248
心配です。	248
人物画が好きです。	154
新聞を持ってきてください。	205
じんましんが出ています。	116
信頼できる人です。	231

す

水泳帽をかぶってください。	171
水族館に行こうよ。	53
水分しか取っていません。	113
ずいぶん待ちましたか?	63
スキーブーツを貸してください。	172
好き嫌いが多くて困ります。	228
好き嫌いはありません。	228
好きじゃありません。	224
好きじゃなくなった。	240
好きです。	223
好きなスポーツは何ですか?	165
好きな食べ物はなんですか?	227
好きなチームはどこですか?	166
好きな人はいますか?	237
好きにすれば。	256
すぐに現像できますか?	214
すぐに修理してください。	207
すぐに調べてください。	199
すぐに返事をもらえますか?	109
すごいタイプ!	236
すごいですね。	279
すごく面白かった。	164
すごくかわいい。	229
すごく豪華ですね。	129
少し遅れてもいいですか?	58
少し遅れるかも。	58
少し考えさせてください。	274
少し太って見えるなあ。	150
少しまけてください。	215
寿司が好きです。	227
涼しい夏ですね。	95
裾上げはできますか?	148
裾が短すぎるよ。	229
頭痛の種だよ。	247
ずっと好きでした。	237
すっぱいものが嫌いです。	228
素敵!/素晴らしい!	242
すてきな絵が飾ってありますね。	126
すてきな部屋ですね。	126
スニーカーで大丈夫ですよ。	173
スパゲッティーのお店に行きますか?	132
スパムメールが多くて困っています。	111
素晴らしいアイデアです。	267
素晴らしい音です。	164
素晴らしい作品ですね。	156
すみません。	262
すみません。ここに行きたいのですが。	208
すみません。間違えました。	102

すみません。道を尋ねてもいいですか?	208
図録はありますか?	157

せ

性格の不一致です。	186
税金還付申告書をください。	215
精神的に疲れています。	257
精密検査を受けたことがありますか?	117
背が高いです。	234
赤外線使える?	107
咳が出ます。	115
咳がひどくて眠れません。	115
咳止めシロップは寝る前に飲んでください。	120
咳止めをください。	120
責任感が強いです。	231
責任者を呼んでください。	253
セザンヌはいいですね。	155
石鹸が切れてるよ。	85
絶望的です。	260
02-5523-6784じゃありませんか?	103
先週の日曜日、友人の結婚式に行きました。	44
先週の話ですよ。	90
先週、ファンミーティングに行ってきました。	45
先生はどうしているかな?	246
全体的に量をを減らしてください。	177
洗濯バサミはどこですか?	77
洗濯ものを取り込んでください。	78
全部、奥さんが作ったんですか?	129
専門学校に通っています。	33
線路に物を落としてしまいました。	210

そ

そう思います。	267
そうかもしれません。	273
葬儀は明日の11時からです。	188
ぞうきんがけをお願いします。	78
掃除機をかけます。	78
そうしましょう。	267
相談したいことがあるのですが…。	272
そうできればいいんですが。	268
そうでしょう?	219
そうですね。	267
そうですね…。	273
そうですね。/そうなんですよ。	218
そうは思いません。	268
ソウル駅方面はどちらのホームですか?	210
ソウルから直行バスが出ています。	172
ソウルからどれくらいかかりますか?	208
ソウル大公園に行きました。	43
そちらのソファにどうぞお掛けください。	127
そちらの番ですよ。	171
そちらは02-4535-8932ではありませんか?	103
そつがありません。	231
ぞっとします。	251
外は暑かったでしょう?	127
その間どうだった?	24
その通りです。	219, 267
その日は満席です。	160
ソファー席はありますか?	133

空が真っ青です。	94
それで？	220
それでは失礼いたします。	99
それではまた連絡いたします。	98
それはいい。	267
それは言わない約束です。	250
それは違います。	268
それは引き受けかねます。	275
それはもう来ました。	144
それほど。	22
それを聞いて安心しました。	244
そろそろおいとまします。	130
そろそろお昼の時間です。	89
そんなこと言っていません。	268
そんなこともあったね。	246
そんなつもりではありませんでした。	263
そんなに飲んだら体によくありませんよ。	138
そんなはずがありません。	269
そんな人もいたね。	246

た

体温を計ってください。	116
大学生です。	33
大学生の息子と、高校生の娘がいます。	41
大学の正門前に集合してください。	61
退屈です。	255
滞在期間はどれくらいですか？	197
たいしたことありませんよ。	277
大丈夫ですか？	276
大丈夫ですよ。	277
大好きです。	223
体調が悪くて帰ってきた。	82
タイトルは何ですか？	156
台の上に横になってください。	118
台風が近づいています。	93
大変失礼いたしました。	262
大変だ！	222
大変だね。	276
大満足です。	243
体力には自信があります。	245
タオルは貸してもらえます。	171
高木さんのお宅でしょうか？	96
高そうに見える。	230
宝くじが当たりました。	46
炊きたてごはんですよ。	83
たくさん食べてくださいね。	83
タクシーがなかなかつかまらなくて遅れてしまいました。	64
タクシー乗り場はどこですか？	209
タクシーを呼んでください。	206
ダサい！	229
助かったよ。	261
助けて欲しいんですが。	266
ただいま。	81
ただいま外出中です。	101
ただいま、電話を転送しています。そのままお待ちください。	106
ただの便秘です。	118
楽しいです。	241
頼んだ色と違います。	152
タバコを吸ってもいいですか？	265
WBCも必ず見ます。	166

ダブルスで試合をしましょう。	171	父は会社員です。	41
食べると戻してしまいます。	113	父は昨年亡くなりました。	41
田村です。また電話します。	106	父は2年前に定年退職しました。	41
ダメです。	268	チャックがあがりません。	152
ダメならメールください。	59	チャットで友達と交流するのが好きです。	226
だらしないです。	233	注意してください。	270
誰にも話さないでね。	272	注文したものがまだ来ていません。	144
短気です。	233	朝刊取ってきて。	72
誕生日プレゼントをもらいました。	46	朝食はカフェテリアでお願いします。	202
短大の2年生です。	33	朝食はついていますか?	201
暖房の温度をもっと上げてもらえますか?	95	朝食は何時からですか?	202
		チョコレートが好きです。	227

ち

小さな劇場で演劇を見るのが好きです。	162	ちょっと、忙しくて…。	275
チーズバーガーセット1つでドリンクはオレンジジュースで。	140	ちょっと聞いてください。	270
チェ課長には大変お世話になっております。	26	ちょっと地味かな?	229
済州島旅行を贈ります。	187	鐘路劇場では何を上映していますか?	158

つ

チェックアウトお願いします。	206	ツアーのパンフレットをください。	212
チェックインが遅れます。	202	ツアーは何時間かかりますか?	213
チェックインをお願いします。	201	使ってもいいですか?	265
違います。	102, 218	疲れが全然取れません。	257
違うものに換えてもいいですか?	152	疲れたよ。	81
近くにおいしい食堂はありますか?	203	疲れています。	257
チケットの予約をしたいのですが。	159	付き合いだから仕方ないよ。	82
チケットはどこで買えますか?	159	付き合っている人はいますか?	237
遅刻しそうだ。	76	付き合ってください。	237
知人の家に泊まります。	197	次の回は何時からですか?	160
父が亡くなりました。	188	次の曲は何ですか?	164
父と母と姉と4人で暮らしています。	40	次の電車に乗りましょう。	77
		次は絶対やってみせる。	254

続けてお話ししてください。	220
妻と一緒に食事をしました。	46
妻と2人暮らしです。	40
妻と2人で社宅に住んでいます。	38
妻のイ・チヨンです。	27
冷たくておいしいです。	142
詰め物が取れてしまいました。	119
強いですね。	138
つわりがひどいんです。	185

て

提案があります。	271
定期的にアップグレードしていますか?	111
テウンさんは近代自動車に勤めています。	26
デートしていたの。	44
テーブルの上を拭いてくれますか?	84
出がけに仕事の電話が入ってしまって。	64
手がしびれています。	114
できません。	275
デコメールかわいい。	107
デザインが若すぎます。	150
大田までどれくらいかかりますか?	211
手伝いましょうか?	271
手伝ってもらえませんか?	265
テニスサークルに入っています。	34
テニスをしませんか?	171
テニスを少し。	225
手荷物の引換証です。	199
手の打ちようがありません。	248
デパートのトイレで。	122
デパートのバーゲンセールに行こうよ。	53
では、結構です。	98
ではまた。	99
大学路の劇場によく行きます。	163
デュエットしますか?	174
テレビが壊れています。	207
テレビつけて。	73
テレビ番組の公開録画をよく見に行きます。	163
テレビ欄しか見ないよ。	73
天気がいいから、どこかに出かけようよ。	53
電気消してくれる?	87
電機メーカーの営業です。	36
天気予報が当たらないなあ。	92
天気予報見た?	92
天気予報を見たいな。	73
電車が遅れています。	63, 76
電車を乗り過ごしちゃって。	64
電池を入れても動きません。	153
電波がよく通らないみたいです。	104
添付ファイルが開けません。	111
電話が通じません。	207
電話が遠いようですが。	105
電話してもいいですか?	265
電話料金の支払いを忘れて止められてるんだ。	105
電話をかけてもいいですか?	237

と

トイレ休憩はありますか?	211
トイレに行きたい。	69

トイレはどこですか？	212	どうやって知り合ったのですか？	181
どういうことですか？	220	道理にかなっていません。	269
どういたしまして。	262	度が過ぎました。	263
どう思いますか？	270	ドギーバックにしてください。	140
どう思う？	272	ドキドキします。	249
どうか許してください。	263	独身の人がうらやましいですよ。	184
同感です。	267	独身寮に住んでいます。	38
同級生です。	31	特に変わりありません。	25
東京生まれの東京育ちです。	32	特にないよ。	49
当日券があるかもしれません。	167	特に予定はありません。	49
どうして？	221	特別なことないでしょう？	24
どうしていいか分かりません。	247	時計を忘れてきちゃった。	89
どうして起こしてくれなかったの？	67	どこかに行きたい？	48
どうしてですか？	269	どこで買ったの？	230
どうして別れることに なったのですか？	186	どこで試着できますか？	148
搭乗口はDゲートです。	194	どこで盗まれたのか分かりません。	122
搭乗手続きはどこでできますか？	194	どこで盗まれましたか？	121
搭乗手続きをお願いします。	194	どこで乗り換えればいいですか？	210
搭乗は午後2時からです。	194	どこで待ち合わせしましょうか？	60
どうしようもないよ。	254	どこでも構いません。	60
どうすればいいですか？	272	どことどこですか？	167
同窓会に行く？	246	どこにも行きませんでした。	45
どうぞお体を壊さないように してくださいね。	189	ところで…。	221
		登山靴がありません。	173
どうぞお入りください。	127	豊島区です。	38
どうぞ、くつろいでください。	128	途中、休憩所に寄りますか？	211
どうぞ、召し上がってください。	128	途中で雨が降ったよ。	81
どうでもいいよ。	256	途中で降りることはできますか？	213
どうなさったんですか？	276	途中で眠ってしまいました。	161
どうなることかと思った。	244	どちら様ですか？	21, 100
どう？ 似合ってる？	149	どちらでもいいですね。	274
		どちらにお住まいですか？	38

とてもお似合いですね。	183	泥パックをお願いします。	178
とても面白かったです。	161	豚足の専門店に行ってみたいです。	131
とてもお優しい方でした。	189	とんでもありません。	262
とても悲しいです。	259	とんでもない話です。	269
とても感激しています。	242	どんな映画が好きですか？	158
とても感動しました。	161	どんな絵が好きですか？	154
とても健康です。	185	どんなお仕事をされていらっしゃいますか？	35
とても楽しかったです。	130	どんな音楽が好きですか？	162
とても楽しみにしています。	56		
とてもマメな男性です。	232		

な

どのようにお過ごしでしたか？	24	ナイスシュート！	169
どのようになさいますか？	176	ナイスショット！	170
友達がいません。	259	ナイスピッチング！	169
友達と買い物をしていました。	44	ナイター券が取れますか？	167
友達と飲むんだけど一緒に来ない？	53	内野席はありますか？	168
友達になってくれませんか？	237	長生きしてくださいね。	187
友達のままでいよう。	239	なかったことにしてください。	250
友達も連れて行っていい？	56	なかったことにしましょう。	264
豊産自動車で働いています。	36	中に虫が入っています。	144
ドライブ行ってたんだ。	44	長野の美術館に行きます。	51
ドライブをしたいな。	50	泣きそう。	259
ドライヤーを貸してください。	205	情けない。	255
ドライヤーを使ってもいいですか？	71	懐かしい。	246
ドラゴンバレーはソウルから近いですか？	172	懐かしい顔ぶれだね。	246
トラベラーズチェックは使えません。	151	懐かしい曲が流れています。	246
トランクを開けてください。	209	納豆が嫌いです。	227
とりあえずビールください。	135	夏バテです。	257
取り皿ください。	139	75年生まれです。	30
鶏肉にしますか？牛肉にしますか？	195	何かあったの？	276
鳥肌が立ちました。	251	何かあったらいつでも電話してください。	59
撮ります。1.2.3。	214	何かお手伝いしましょうか？	84

何かお手伝いすることはありませんか？	129
何が好きですか？	132
何か食べたいものはありますか？	131
何か必要なものがありますか？	56
何したい？	48
何どしですか？	31
何にでも合いそうだね。	230
何も考えたくありません。	258
何もしたくありません。	258
何もなければいいけど…。	248
何をお探しですか？	146
何を考えているか分かりません。	233
何をしようか、考えていたところです。	49
何を失くされたんですか？	124
何を盗まれましたか？	121
何をやっても無駄な気がします。	258
名前は決まりましたか？	185
生演奏は最高ですね。	164
生魚が食べられません。	228
生ビールがいいですか？瓶ビールがいいですか？	134
生ビールを頼んだのですが。	144
涙が止まりません。	260
涙が止まりませんでした。	242
悩んでいます。	247
なるほど。	219
何時ごろお戻りですか？	98
何時ごろ出社されますか？	98
何時に仕上がりますか？	214
何時に始まりますか？	160
何時までですか？	212
何て言ったんですか？	220
なんて繊細な絵なのでしょう。	156
何でもいいな。	50
何でもなければいいね。	276
何とお詫びしてよいか分かりません。	263
何とかなりますよ。	277
何とも言えません。	274
何度もお電話いただきありがとうございます。	102
何とも思っていないよ。	256
何人家族ですか？	39
何年生まれですか？	30
何のために？	269
何の目的で？	269
何番ですか？	174
何番におかけですか？	103
何名様ですか？	160

に

においのきついものが嫌いです。	228
肉が食べたいな。	132
肉を切ってください。	139
逃げ出したいくらいです。	249
2〜3杯しか飲めません。	137
二次会は近くのカフェで行います。	181
2時の回と6時の回が取れます。	160
2週間後にまた受診してください。	118
日曜日は家でごろごろしていました。	45
2人前ください。	135
日本が先制点を入れたよ。	169
日本画もきれいですね。	155
日本語の案内書ありますか？	212

日本語のガイドはつきますか？	213
日本語の曲もありますよ。	174
日本語を話せる人がいますか？	198
日本大使館に連絡してください。	121
日本に送れますか？	148
日本の国技は相撲です。	165
日本の新聞はありますか？	196
日本の政治はどうなっているんだ。	72
日本の漫画が原作なんですって。	161
2枚ください。	167
荷物を預かってください。	203
荷物を預けたいのですが。	212
荷物をタクシーまで運んでください。	206
荷物を部屋まで運んでください。	203
荷物を4時まで預かってください。	206
煮物を皿にあけてくれますか？	84
入国書類をください。	196
入国の目的は何ですか？	197
入社して8年になります。	37
乳製品アレルギーです。	228
入浴剤を入れておいたよ。	86
庭でバーベキューをするので来てください。	54
庭に花の種を植えました。	80

ぬ

ぬるいから追い炊きしているわ。	85

ね

寝過ごした。	67
ねずみ年です。	31
熱が下がったら会社に行ってもいいですよ。	118
熱が38度あります。	115
寝付けないなあ。	87
ネットでチケットを予約しました。	167
ネットでも予約できます。	159
眠いよ。	66
眠くなってしまいます。	255
年齢より若く見えます。	235

の

喉を見ましょう。	117
飲みすぎないようにしてくださいね。	138
飲み物を買ってきましょうか？	129
飲むとすぐ赤くなってしまいます。	137
海苔が欲しいんですが。	145

は

パーマをお願いします。	176
はい。	218
はい。あります。	153
はい。おつなぎします。少々お待ちください。	100
はい。使えます。	151
売店があります。	173
売店でゴーグルを買えます。	171
バイバイ。	29
はい。包装してください。	151
はい。私です。	100
歯が痛いんです。	119
歯がぐらぐらしています。	119
ばかじゃないの？	222
ばかばかしい。	253
吐き気がします。	113
パク課長さんいらっしゃいますか？	96

歯茎から血が出ます。	119
パク・ジェヨンさんを紹介できてよかったです。	27
派遣社員です。	35
初めて食べました。	142
初めまして。	20
箸をください。	139
恥ずかしいです。	250
バスターミナルはどこですか？	211
バス停はどこですか？	204
バスの時刻表がありますか？	204
バスの中に忘れ物をしてしまいました。	211
パスポートと航空券です。	194
パスポートを盗まれました。	121
パスポートを見せてください。	201
パソコンの調子が悪いんだ。	111
パソコンのほうにメールを送っておくね。	108
20歳です。	30
80キロぐらいあるかもしれません。	234
派手すぎる。	229
鼻が高いです。	235
話がそれましたね。	221
話し中みたい。	104
話せてよかった。	99
鼻血が止まりません。	115
母からの直伝です。	129
母は専業主婦です。	41
早く行って準備を手伝おうか？	56
早く大きくなりますように…。	280
早く話してください。	220
流行りの歌を歌ってください。	174

薔薇の花が咲きました。	80
晴れるって。	92
ハワイです。	182
歯を磨いてください。	69
ハンカチも忘れないでね。	71
番号は合っていますが、うちではありません。	103
番号を確認させていただいてもいいですか？	103
ハンジュンマクに行ってみたいんですが。	178
反対です。	268
バンドエイドありますか？	120
バンドを組んでいます。	226
半日コースはありますか？	213
犯人について覚えていますか？	123

ひ

ピアノ曲が特に好きです。	162
ＰＫ戦だな。	169
ＢＣＣにて送信します。	109
ピーっと鳴ったら、メッセージをどうぞ。	106
ビールなら飲めます。	137
ビールをもう1本ください。	137
被害届に記入してください。	123
ピカソは天才ですね。	154
火が通っていません。	144
光り物が嫌いです。	228
ひげを剃らなくちゃ。	69
日差しが強くなりましたね。	94
久しぶりだね。	246
ビジネスラウンジはありますか？	202

美術館に行くのが好きです。	226
美術館に行く道を教えてください。	203
美術館巡りは好きですか？	154
ぴったりですよ。	149
ピッチャー交替だな。	169
ひどい！	253
一息つけるね。	244
ひどい事件が起きたね。	72
ひどい頭痛です。	113
1皿どれくらいありますか？	134
人それぞれだよ。	256
1つだけください。	135
人によって違うよ。	256
人の話をよく聞きなさい！	252
一目ぼれだったんだ。	238
一人っ子です。	40
一人っ子ですか？	42
1人で行けるから大丈夫。	62
1人ぼっちになってしまいました。	259
微熱が続いています。	115
ピのコンサートはまた行きたいです。	164
暇だよ。	22
秘密は守ります。	272
微妙。	229
冷や汗が出ます。	249
180センチくらいあります。	234
日焼け止めありますか？	70
美容院に行く予定。	51
病院に連れて行ってください。	116
ピンチヒッターだ。	169

ふ

ファイルを添付しておいたので見てください。	109
ファクシミリの方はそのまま送信ボタンを押してください。	106
不安だらけです。	248
不安です。	248
不安で眠れません。	248
ふう。	244
不可能です。	275
部下のパク・ジェヨンです。	26
袋に違う物が入っていました。	152
2つ買うのでまけてください。	215
2人です。	160
2人の愛が永遠に続きますように。	183
2人目です。	185
普通の会社員です。	35
2日前から咳が出ています。	115
二日酔いしそうですね。	138
ふとんを干したからふかふかだよ。	78
ふとんを干しましたか？	78
ブラシを貸してください。	71
フラッシュをたいてください。	214
ブランドバッグが欲しいんですが。	145
フルーツはいかがですか？	84
プロ野球観戦が好きです。	166
雰囲気のいいレストランがありますよ。	132

へ

平日の夜でもいいですか？	56
へー！	221
ヘギョンは、今いません。	101

311

ベジタリアンです。	228	ホテルの韓式レストランを予約しておきました。	132
ヘッテのお菓子を探しています。	146	ホテルのロビーで盗まれました。	121
別に。	22	ホテル前の広場に迎えに来てください。	60
別にどちらでもいいよ。	256	ほとんど食べていません。	113
部屋においてあったパソコンを盗まれました。	121	骨が折れているみたいです。	116
部屋に忘れ物をしました。	207	ほのぼのとした映画ですね。	161
部屋は空いていますか？	200	ホラー映画は苦手です。	158
部屋を掃除してください。	205	ほれ込んでいます。	223
返事が遅れてすみません。	109	本田建設の大田から電話があったと伝えていただけますか？	99
返品したいんですが。	153	本当？	221
ペンを貸してください。	196	本年もよろしくお願い申し上げます。	190

ほ

貿易会社で営業業務をしています。	36		
法学部に通っています。	33		
包装しますか？	151		

ま

ホームパーティーがあるから、来て来て。	55	まあまあですね。	22
ホームページの更新をしました。	110	毎朝、朝のワイドショーを見ています。	73
ボールはどこで買えますか？	170	毎朝、夫と子供たちのお弁当を作ります。	79
他にご意見がございますか？	270	毎朝、洗濯しています。	77
他に好きな人がいるんです。	239	毎朝トーストを食べます。	75
他に好きな人ができちゃったんだ。	240	毎日幸せです。	184
他の色に換えたいのですが。	152	毎日7時間は眠らないとだめです。	87
他の色はありますか？	147	毎日6時半に起きます。	86
他の人にも相談してみましょう。	271	前髪は眉毛にかかるくらいで。	176
保険証はありますか？	117	前髪はもう少しだけ短くしてください。	176
保険証はありません。	117	前に一度行ったから覚えていますよ。	62
干したイシモチを買いました。	191	任せてください。	245
ほっとします。	243	真紀さんをお願いします。	96
ホテルの1階ロビーで待っています。	61	まさか！	221
		まずいです。	142
		また会えて嬉しいです。	23

また会おう。	29
またいたずら電話だ。	104
また、お電話いたします。	98
また来ようね。	164
また、後ほどかけなおします。	98
また飲んできたの？	82
まだ、メールチェックをしていません。	108
待ち合わせはどこがよろしいですか？	60
街をぶらぶらしようかな。	50
窓側の席をお願いします。	194
窓際の席がいいです。	133
窓口で買えます。	159
窓口で支払います。	160
窓を開けてもいいですか？	209
まぶしいよ。	66
迷ったら電話します。	62
周りが騒がしくてよく聞こえません。	105
満月がきれいです。	191
満3歳です。	42
満足しました。	243

み

右側で分けてください。	177
ミギョンさんと一緒に行くから大丈夫です。	62
水をください。	178
道がすぐにわかりましたか？	127
道が分からなかったら電話してください。	62
道に迷いました。	247
3日間です。	197
見つかったらすぐに連絡をください。	199

3日分出します。	119
見つからなかったら、どこに申告すればいいですか？	199
見つかり次第ホテルに届けてください。	199
見つかるまでに買った生活必需品の料金はどこに請求すればいいですか？	199
3つ目の信号を右ですね？	209
見ないでください。	250
見直しました。	279
皆さん喜んでいらっしゃいます。	243
ミニバーのウイスキーを2本飲みました。	206
ミュージアムカフェはどこですか？	157
ミュージカルは見たことがありません。	163
明洞教会で葬儀を執り行います。	188
明洞のスターバックスで待っています。	61
見るならサッカー。	165
見るのも嫌。	224
ミンギョンに電話するように伝えましょうか？	101
ミンギョンは、入浴中です。	101
ミンジの家で飲み会があるから行こうよ。	53
みんな会いたがっていますよ。	55

む

昔とちっとも変わりませんね。	23
昔を思い出すね。	246
むかつく！	253
虫さされの薬をください。	120
難しい判断ですね。	274
娘に代わります。	100

むなしいです。	258
胸が張り裂けそう。	260
無理です。	268, 275

め

メアド交換しよう。	107
メーリングリストから送ってください。	110
メールアドレスを教えてください。	108, 237
メールが戻ってきてしまいます。	110
メールして。	100
メールの返事はまだ来ていません。	109
メールを送ったのですが、見ていただけましたか?	108
メールを転送します。	109
目が大きくてぱっちりしています。	235
目が痒くてしかたありません。	114
目がさえちゃって。	87
目覚ましかけた?	86
目覚ましが鳴らなかった。	67
メジャーリーグが面白いですね。	166
メリークリスマス。	192
免税で買えますか?	215
免税店で買ってきました。	128
麺にコシがあります。	143
麺を入れてください。	139

も

もう、いいですよ。	264
もう1度おっしゃってください。	220
もう一度、ファイルを送っていただけますか?	111
もう1度やりましょう。	279
もう1枚お願いします。	214
もう1杯いかがですか?	137
もう帰ってもいいですか?	266
もう我慢の限界です。	252
申し訳ない。	57
もうすぐ電池が切れちゃうよ。	105
もう少し大きい部屋に替えてください。	201
もう少し遅い時間がいいです。	58
もう少し詳しく話していただけますか?	220
もう少しシックな色のほうが似合うんじゃないかな?	150
もう少しだけ、眠らせてください。	67
もう少しだったのに。	254
もう少し小さいサイズのほうがいいみたい。	230
もう少し他をあたってみます。	201
もう少し待ってください。	134
もう少しゆっくり話していただけますか?	220
もう2度と顔も見たくない。	240
もう飲めません。	137
毛布をください。	196
毛布をもう1枚出そうか?	87
もう、やり直せないの?	238
モーニングコールをお願いします。	204
文字化けします。	111
もしもし。	96
もしもし。村田商事の中居といいますが、営業のイサンギュさんいらっしゃいますか?	97
もしもし、ユジン?	96
持ち帰ります。	140

持ち寄りパーティーをするから来て。	55
もちろんです。	266
もちろんですよ。	219
もっと明るい色が欲しいんですが。	147
もっと明るい色のほうが似合うと思うよ。	150
もっと大きいサイズありますか？	148
もっと軽いものが欲しいんですが。	148
もっと傾斜のゆるいところで滑りたいです。	172
もっと前の席に替えてもらえますか？	168
もっと安いものはありますか？	148
もっとゆっくりしていってください。	130
戻ってくる可能性ありますか？	123
ものもらいができたみたいです。	116
もんじゃ焼きという食べ物が有名な月島というところです。	32
問題ありません。	266

や

やけどをしました。	116
野菜ジュースください。	74
優しい気持ちになります。	243
安くておいしい店に行きたい。	132
休みが全然取れないんです。	257
休みの日は、お昼まで寝ています。	68
やせています。	234
やったー!!	241
やっと落ち着きました。	184
山本と申しますが、李リナさんいらっしゃいますか？	96
やめたほうがいいと思います。	268
やめてください。	275

やりたくありません。	275
やれやれ。	244
やわらかい生地ですね。	149
やわらかいです。	143

ゆ

結納はいつですか？	180
憂鬱です。	258
遊園地に行きませんか？	52
夕方にわか雨が降るみたいです。	93
友人の紹介で知り合いました。	182
有名な映画監督の作品です。	158
ゆっくり肩までつかるのよ。	86
ゆっくり話してください。	104
ゆるくパーマをかけてください。	177
ユン・ヘギョンさんのお宅ではありませんか？	102

よ

よいアイデアがありますか？	271
よいお年をお迎えください。	192
洋酒を1本持っています。	198
幼稚園に通っています。	42
洋服にブラシをかけてください。	71
よかったですね。	279
よく温まりなさい。	86
よくお似合いですよ。	149
よく覚えていません。	123
よく似合っているよ。	229
よく寝た！	66
よくもそんな口がきけますね！	252
よくやった！	279
よく分かりません。	219

余計なお世話です。	252
予定通りに出発しますか？	194
予定日はいつですか？	185
4人家族です。	39
夜更かしするからいけないんだよ。	67
よもぎ蒸しをしたいんですが。	178
予約したいんですが。	176
予約してあります。	201
予約しました。	174
予約をお願いします。	200
よりを戻したい。	238
夜遅くにすみません。ユジンさんいらっしゃいますか？	96
夜の9時ごろ着く予定です。	202
喜んでお伺いします。	56
よろしくお願いします。	266
弱いんです。	137
弱音を吐くな。	278
弱火にしてくれますか？	84
四コマ漫画面白いよ。	73
延世大学経営学部出身のエリートです。	233

ら

来月、結婚式を挙げます。	181
来週の会議の内容についてメールをしておいてください。	108
来週の日曜日でもいいですか？	56
来週、プロ野球を見に行きませんか？	167
来年の旧正月はいつですか？	190
落語を聞くのが好きです。	226
楽勝です。	245
ラッシュアワーが嫌いです。	77
ラリーをしましょう。	171

り

リクエストしてもいいですか？	174
離婚しよう。	186
離婚することになりました。	186
離婚調停中です。	186
理由を話してください。	269
両替してください。	215
料金がメーターと違います。	209
料金は後払いです。	201
料金はいくらですか？	213
料理上手な女性です。	232
旅行の写真を添付するね。	109
リラックスできます。	243

る

ルームサービスをお願いします。	204

れ

礼儀正しい人です。	231
冷麺が食べたい。	132
レシートはありますか？	153
レストランはどこですか？	202
レプリカでいいから欲しいです。	156
恋愛感情はもてない。	239
レンタルボードはありますか？	172

ろ

6時に起こしてください。	204
6時の回でお願いします。	160
ロッテホテルです。	197

わ

わーい。	241
ワイシャツにアイロンがかかっていないよ。	71
ワインを買ってきました。	128
我が家は共働きなので家事を分担しています。	79
分かりました。	219
別れて欲しい。	240
わくわくします。	241
わざわざ来てくださってありがとうございました。	127
和食が好きです。	227
忘れて。	264
忘れましょう。	278
忘れ物センターはどこですか？	124
話題を変えましょう。	221
私が使っているビデオカメラです。	198
私が間違っていました。	263
私たち結婚することになりました。	180
私たちは恋愛結婚です。	180
私だよ。	100
私でよければ相談に乗るよ。	272
私にいい考えがあります。	271
私に伝言が届いていますか？	205
私の一存では決めかねます。	274
私の携帯に電話をくれるようにお伝えください。	99
私の好みじゃありません。	224
私の十八番です。	175
私の上司です。	26
私のスーツケースが出てきません。	199
私のせいです。	263
私の席に人が座っています。	195
私の手に負えません。	247
私の手荷物が壊れています。	199
私の時計は5分進んでいるんです。	89
私はいいとは思いません。	157
私は大川と申します。	20
私はお母さんに似ました。	40
私は音痴です。	174
私も好きでした。	239
私より2つ年上ですね。	31
私よりましですよ。	278
私よりもいい人がいますよ。	240
わっ！	222
笑い上戸なんです。	138
ワンサイズ小さいのにしたら？	150
ワンサイズ小さいものに換えてください。	152

■ **著者紹介**

鶴見 ユミ(つるみ ゆみ)

神奈川県出身。延世大学院・国文科にて近代文学を専攻。韓国語講師、翻訳、通訳に従事。有限会社アイワード取締役。韓国語をゼロから始めて1週間に1度の受講で1年以内にマスターさせるという、文法に重点を置いた講義に定評がある。

・著書:『ゼロからスタート　韓国語　文法編』
　　　『ゼロからスタート　韓国語　会話編』
　　　『単語でカンタン！　旅行韓国語会話』
　　　『ゼロからスタート　韓単語　BASIC1400』
　　　『ゼロからスタート　韓国語　ハングル練習帳』(以上、弊社刊行)
・訳書:『僕は「五体不満足」のお医者さん』(アスペクト)
・主催の韓国語教室ホームページ:http://www.aiword.net/

カバーデザイン	滝デザイン事務所
本文デザイン＋DTP	濱門亜紀子 (有)フラットデザイン)
本文イラスト	いとう瞳
CDナレーション	鄭　洲
	横田砂選
CD録音・編集	英語教育協議会 (ELEC)
CD製作	高速録音株式会社

すぐに使える韓国語会話ミニフレーズ2200

平成21年(2009年)11月10日	初版第1刷発行
平成23年(2011年)　9月10日	第3刷発行

著　者	鶴見ユミ
発行人	福田富与
発行所	有限会社　Jリサーチ出版
	〒166-0002
	東京都杉並区高円寺北2-29-14-705
	電話　03-6808-8801(代)／FAX 03-5364-5310(代)
	03-6808-8806(編集部直通)
	URL: http://www.jresearch.co.jp/
印刷所	株式会社シナノパブリッシングプレス

ISBN:978-4-86392-000-2　　禁無断転載。乱丁・落丁本はお取り替えいたします。

語学を学ぶ楽しさを発見！Jリサーチ出版の "ゼロからスタート韓国語" シリーズ

だれにでも覚えられるゼッタイ基礎ボキャブラリー
ゼロからスタート 韓単語 BASIC1400 (CD2枚付)

韓国語単語の基本はこの1冊でカバー。類語・生活場面など「単語グループ」で覚えるので効率的。例文は日常生活でそのまま使える。CDには見出し語と意味、例文を全て収録。

鶴見 ユミ 著　A5変形／定価1680円(税込)

読める・書ける・発音できる
ゼロからスタート韓国語 ハングル練習帳 (CD付)

ハングル文字を覚えれば読めない文字はありません。辞書もすぐ引けるようになります。2週間学習プログラム付。旅行会話までマスターできる。

鶴見 ユミ 著　B5判／定価840円(税込)

だれにでも話せる基本フレーズ20とミニ会話36
ゼロからスタート 韓国語 会話編 (CD付)

キーフレーズと基本的な活用を覚えれば、日常会話・旅行会話をマスターできる。

鶴見 ユミ 著　A5判／定価1470円(税込)

だれにでもわかるハングルと文法の基本ルール
ゼロからスタート 韓国語 文法編 (CD付)

韓国語ビギナーのための本当にやさしい入門書。文法の基礎・発音・ハングルが確実に身につく。CDには例文と解説を収録。

鶴見 ユミ 著　A5判／定価1470円(税込)

だれにでも身につけられる表現集
すぐに使える 韓国語会話 ミニフレーズ2200 (CD2枚付)

挨拶から日常会話、旅行、冠婚葬祭まで、ベーシックな韓国語フレーズを2200収録。フリガナつきで初心者にも使える。CDには見出しフレーズを全て収録。

鶴見 ユミ 著　四六判変形／定価1680円(税込)

10フレーズに旅単語を乗せるだけでOK
単語でカンタン！ 旅行韓国語会話 (CD付)

旅先でよく使われる10フレーズに置き換え単語をのせるだけで、だれでも旅行韓国語会話ができる。CDには言い換え単語全てを収録。

鶴見 ユミ 著　四六判変型／定価1050円(税込)

3週間でだれでも韓国語の基礎がマスターできる！
韓国語学習スタートブック 超入門編 (CD付)

韓国語の学習をどのように進めていけばよいか一目でわかり、3週間のプログラムで基礎が無理なくマスターできる。

安 垠姫 著　B5判／定価1050円(税込)

3週間で初級レベルの文法・フレーズ・会話が身につく！
韓国語学習スタートブック 初級編 (CD付)

21の重要文型を3週間で身につける過程で、文法と単語力・機能別＆場面別のフレーズを増やし、初級レベルの修了をめざします。

安 垠姫 著　B5判／定価1050円(税込)

語学を学ぶ楽しさを発見！Jリサーチ出版の "ゼロからスタート中国語" シリーズ

だれでも覚えられるゼッタイ基礎ボキャブラリー
ゼロからスタート 中国語単語 BASIC1400 (CD付)

中国語の基礎になる1400語を生活でよく使う例文とともに覚えられる1冊。四声、ピンイン、語順、基礎文法も紹介。CDには見出し語と意味、例文を全て収録。

王 丹 著　A5変形／定価1680円(税込)

だれにでもわかる文法と発音のルール
ゼロからスタート 中国語 文法編 (CD付)

初めて中国語を勉強する人のための入門書。40の文法公式・ピンイン・四声をすっきりマスターできる。CDは例文と日本語訳で総復習できる。

郭 海燕・王 丹 共著　A5判／定価1470円(税込)

だれでも話せる基本フレーズ20とミニ会話24
ゼロからスタート 中国語 会話編 (CD付)

中国語を学び始める人のための会話入門書。中国語独特の発音を短時間で身につけ、すぐに使える基本フレーズ20と場面別の実用性の高い会話表現を網羅。

郭 海燕・王 丹 共著　A5判／定価1470円(税込)

初級から中級にステップアップする34の文法ルール
ゼロからスタート 中国語 文法応用編 (CD付)

34の公式で基礎を固める。文法用語にふりがな、中国語例文にカタカナつき。書いて覚える練習問題で、漢字も自然に身につけられる。CDには例文と解説を収録。

郭 海燕・王 丹 共著　A5判／定価1470円(税込)

3週間でだれでも中国語の基礎がマスターできる！
中国語学習スタートブック 超入門編 (CD付)

中国語を学ぶうえで最も大切な発音・文法・単語の基礎を3週間プログラムで身につけることができます。日常会話でそのまま使える基礎フレーズを例文として収録。

石下 景教 著　B5判／定価1050円(税込)

10フレーズに旅単語を乗せるだけでOK
単語でカンタン！ 旅行中国語会話 (CD付)

旅先でよく使われる10フレーズに置き換え単語をのせるだけで、だれでも旅行中国語会話ができる。

郭 海燕・王 丹 共著　四六判変型／定価1050円(税込)

英語で日本を読む

歴史・文化・生活・都市

Finding JAPAN

ロバート・リード 著
新書判
定価1260円(税込)

Jリサーチ出版

好評発売中！

別売
CD〔3枚組〕
価格1890円(税込)